Albert Lindner

Das Corps Thuringia

Nebst einem Anhange das Herzogthum Lichtenhain ein geschichtlicher Versuch;

der Thuringia zum fünfzigjährigen Geburtstage gewidmet

Albert Lindner

Das Corps Thuringia

Nebst einem Anhange das Herzogthum Lichtenhain ein geschichtlicher Versuch; der Thuringia zum fünfzigjährigen Geburtstage gewidmet

ISBN/EAN: 9783743610774

Hergestellt in Europa, USA, Kanada, Australien, Japan

Cover: Foto ©ninafisch / pixelio.de

Manufactured and distributed by brebook publishing software (www.brebook.com)

Albert Lindner

Das Corps Thuringia

Das

Corps Thuringia.

Nebst einem Anhange:

Das

Herzogthum Lichtenhain.

———

Ein geschichtlicher Versuch

von

Dr. Albert Lindner.

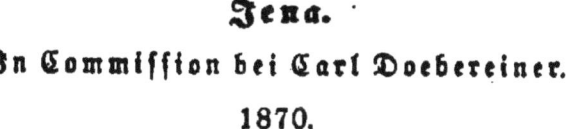

Jena.

In Commission bei Carl Doebereiner.

1870.

Der

Thuringia

zum fünfzigjährigen Geburtstage

gewidmet

vom Verfasser.

Vorbemerkung.

Als ich mir die Ehre ausbat, die seit 1858 in Aussicht genommene Geschichte unsres Corps endlich, und zwar bis zum 50jährigen Jubiläum, ausführen zu dürfen, war diese Arbeit keineswegs so uneigennützig, als es den ersten Anschein hat. Ich selbst hoffte bei der Ausführung der Aufgabe auf den persönlichen Vortheil, meine eigenen Studentenjahre noch einmal im Geiste zu durchleben, mich an den Erlebnissen Anderer zu erquicken, mir für eine kurze Zeit das mühselige Tagewerk des Lebens durch den Rückblick in eine poesievolle Vergangenheit zu versüßen. Die Arbeit sollte mir so leicht nicht gemacht werden. Sie wäre, wie das bei allen chronikartigen Arbeiten der Fall ist, ein Spiel gewesen, wenn ich nichts zu thun gehabt hätte, als ein voll- ständig vorliegendes Material in die geordnete Form einer geschichtlichen Darstellung zu bringen; auch noch eben so leicht, wenn ich mich hätte begnügen wollen, auf lose, aphoristische Weise das Vorhandene wieder zu geben, das Nichtvorhandene einfach zu ignoriren, und das Ganze wie eine formlose Plauderei auf's Papier zu werfen, in der Weise, wie mir z. B. die Chroniken und Erinnerungsschriften einiger andern deutschen Corps vorliegen. Aber eine Schwierigkeit lag für mich von allem Anfang darin, daß eine 12 Jahre lang beabsichtigte Geschichte an den endlichen Abfasser auch die Aufgabe einer gewissen Gründlichkeit, die Aufgabe, aus einer längst gehegten Erwartung ein fait accompli zu machen, stellen mußte, wenn aus dem kreißenden Bergschooße nicht ein lächerliches Mäuschen hervorgehen sollte. Die nächste Schwierigkeit ist leicht zu errathen. Wenn sich die erste durch einen guten Willen von meiner Seite bewältigen ließ, so war die andere nur durch den guten Willen Derer zu überwinden, aus deren Händen und Gedächtniß ich das nöthige Material zu erhalten hatte. Im Jahre 1859 hatte zur Herstellung einer Chronik unser Corpsbruder Mohr ein Circular an alle Corpsmitglieder mit der Aufforderung, Bei= träge zu liefern, erlassen. Als ich nun im November 1869 das Eingegangne übernahm, war ich erstaunt, zu finden, wie wenig vorhanden war. Ich konnte dabei die Bemerkung machen, daß die Beiträge um so ausführlicher, ich möchte sagen, um so liebevoller ausgefallen waren, je älter die Mittheilenden waren. Das findet seine natürliche Erklärung darin, daß der poetische Glanz der Jugendzeit sich in der Erinnerung mit den Jahren erhöht, daß die Erinnerung demnach für den Menschen mit den Jahren an Werth gewinnt. Daher sind ältere Leute viel freudiger geneigt, vom goldnen Morgen ihres Daseins zu erzählen, als die jüngern, die noch mitten in diesem Morgen stehen oder ihm erst seit Kurzem den Rücken gewandt haben. Die Indolenz der jungen Leute ist wohl menschlich=entschuldbar, aber das darf das Corps nicht hindern, die Versäumniß einer Pflicht gegen dasselbe darin zu finden; und sämmtliche Semester von 1836 an, mit wenigen Ausnahmen, wären werth, von unseren alten Herren Sittig, Frank, Knoch, Ritz, Löbe, Regensburger, Claus, Meinhard und Wohlfarth, am 6. Juni 1870 einige Seidel feierlichst ex pleno spinnen zu müssen!

Die dritte Mißlichkeit, in die ein Fall wie der vorliegende bringen kann, ist die peinlichste; sie liegt darin, daß man die Geschichte von noch lebenden Personen schreiben soll; ja noch mehr, daß es von diesen Lebenden ein Stück ihrer Jugendgeschichte ist.

Eine Objectivität ist hier gar nicht zu erreichen, schon deshalb nicht, weil der Schreiber selbst ein ähnliches, und doch wieder wie ganz verschiedenes Stück dieser Geschichte erlebt hat und leicht geneigt ist, in der Zeichnung andrer Zeiten sich Töne und Farben aus den seinigen zu entlehnen. Vor Allem aber wird Keiner, der an der Geschichte des Ganzen Theil hat, dem Schreiber zugestehen, daß er in der Darstellung s e i n e r Zeit die richtige Färbung getroffen. Vor dem Gedächtnisse jedes Einzelnen stehen die Jahre der Studentenzeit in andern Nüancen, wenn auch in derselben Grundtönung, und diese Verschiedenheit des Erlebten ist nach dem Grade des Angenehmen oder Unangenehmen erklärlich. Jeder verlangt, daß die Schilderung seiner Studentenjahre s e i n e n sub-jectiven Vorstellungen entspreche. Wie soll da der arme Verfasser einer solchen Chronik sich aus der Klemme helfen? Durch eine trockene, nüchterne Aufzählung des Materials nach blofen Daten im Stile der Compendien? Das wäre allerdings Objectivität, aber eine wohlfeile! Und verträgt eine Zeit, die von allen Lebens-perioden die am meisten mit Poesie getränkt ist, auch nur eine solche? Besteht die Freude an einem Blumenbouquet darin, daß man den Linné aufschlägt, um die Gattung und Unterart jeder Blume zu erfahren? Ich müßte mir vorkommen wie der alte rost'ge, frost'ge Apotheker bei Rückert, der zwischen seinen Blumen-beeten nichts Andres zu denken weiß, als was für Schnupfen und Podagra gut sei. Wie sich da herauswinden, um der Natur des ganzen Stoffes gerecht zu werden, ohne das Recht des Einzelnen zu schädigen? Man läßt — ich weiß keinen andern Weg — diese Einzelnen in ihren Documenten selbst reden, und der Verfasser übernimmt dabei nur die Rolle einer Redaction in der Verbindung der eingehenden Schriftstücke — soweit sie eingehen! Der einheit-liche Grundton wird dabei freilich verloren gehen, vor Allem in der sprachlichen Darstellung, dafür erreicht man aber den Vortheil einer interessanten Reflexspiegelung des im Grunde doch identischen Objects, und der Lectüre bleibt es überlassen, jenen einheitlichen Grundton auf den Leser ohne Zuthun des Redactors zu bewirken. Es mußte dabei dem persönlichen Urtheil desselben stillschweigend überlassen bleiben, was er von dem Eingegangenen aufnehmen oder streichen oder modificiren sollte, weil vorauszusetzen war, daß die Schrift, einmal gedruckt, noch über die Grenzen der Thuringia hinausbringen werde. Es mußte ihm überlassen bleiben, Namen zu unterdrücken oder nur mit dem Anfangsbuchstaben zu bezeichnen, wo eine gewisse Discretion es verlangte. Manche Verfasser solcher Berichte werden finden, daß die Redaction viele Stellen gestrichen hat, wo nur ihre eigne Person in Frage war — gestrichen, weil diesen persönlichen Betrachtungen das a l l g e m e i n e Interesse, der innige Bezug zum Ganzen fehlte. „Es ist — bemerkt an einer Stelle Wohlfarth — beim Erzählen von Miterlebnissen sehr schwer, nicht immer wieder auf den subjectiven Standpunkt zurückzukommen." Andere Stellen wurden unterdrückt — nicht gerade nach dem Spruche: De mortuis nil nisi bene, sondern weil die Erwähnung persönlicher Verirrungen nun eben zur Erreichung einer unbefangnen Darstellung des Ganzen an der betreffenden Stelle nicht nöthig war. Wo der Verfasser aber gänzlich von allem Materiale verlassen blieb und nur auf trockne Listen oder Protocolle angewiesen war, da mußte ihm erlaubt sein, das nüchterne Gerippe mit dem Fleisch und Blute seiner persönlichen Auffassung umkleiden zu dürfen; und wenn sich der Einzelne in dieser Auffassung getäuscht sieht, wenn er zwischen m e i n e r Darstellung und der Farbe seiner Erinnerungen Differenz findet: so muß ihm die Schuld daran allein überlassen bleiben, weil er für s e i n e Zeit mir keine Beiträge in die Hand geliefert.

Nachdem mittlerweile die Schrift zu einem relativen Abschlusse gediehen und ein Eingehen ausführlicher Nachrichten nicht mehr zu erwarten ist, muß zur Rechtfertigung des Verfassers erklärt werden, daß die Nachrichten je jünger desto dürftiger ausgefallen sind, wie oben auch vorausgesehn wurde. Selbst die Protocolle nehmen in stetigem Tenor mit den Jahren an Ausführlichkeit ab und enthalten nur die allerdürftigsten Notizen in stereotyper Fassung. Daher ist die Zeit von 1856 bis 1865 etwas mager ausgefallen; von da ab lief noch zur rechten Zeit eine Ausführung Dunker's und Rothe's bis 1869 ein.

Am meisten verpflichtet ist das Corps den Brüdern Frank, Ritz, Löbe, Regensburger, Wohlfarth, Weller für ausführliche Nachrichten. Ein besonderer Salamander soll aber auf die werthe Gattin unsres Wohlfarth gerieben sein, die das 35 Halbbogen starke Manuscript ihres Gatten mit eigner Hand copirte. Sie hat manchen jüngern Thüringer beschämt, der sich beeilte, keine Zeile zu liefern.

Der Verfasser selbst wird sich für hinreichend belohnt halten, wenn es ihm gelungen ist, auch nur Einzelnen mit einzelnen Seiten seiner Schrift eine Freude zu machen.

Berlin im Winter 1869/70.

A. L.

Geschichte des Corps Thuringia.

„Auf Wiedersehn 1870, wenn wir noch leben und gesund sind!" Mit diesen Worten hatte im Sommer 1858 Mancher wieder Abschied vom Freunde genommen und jene herzige, traute Stadt verlassen, in die er zu einer unvergeßlichen Festfeier aus weiter Ferne geeilt war. Und nun ist das erwartete Jahr da! Mit einem freudigen Bangen erwartet! Oder wer hätte sich bis dahin von uns nicht im Stillen öfter mit Bangen gefragt, der Zeit nicht manchmal gern ein wenig hinter die Gardine geblickt: „Ob Du's erlebst? Ob der und Jener mit dir? Ob nicht ein Mißgeschick eintritt, das dir die Reise verwehrt? In welcher Lage wird sich das Corps befinden?" —

Es mag wol sein, daß in den verflossenen 12 Jahren noch Mancher in den Listen mit dem traurigen Kreuze bezeichnet worden, daß Mancher sich in diesen Tagen umsieht, ob nicht Er noch eintreffen werde, dem er damals „Auf Wiedersehen" zugerufen — aber mich dünkt, es ist doch eine stattliche Schaar, die auf dem 4strahligen Chausséesterne von Weimar, Kahla, Bürgel und Dornburg her in Postwagen und Einspännern, in Privatequipage

und Leiterwagen in die Musenstadt herniedereilt. Wie erwartungs=
voll hängen die Blicke an den Thurmspitzen der Stadt im Thale!
Ob sich Vieles veränderte? Ob ich mich noch zurecht finde? Ob
die Brüder wol schon zahlreich zusammen sind? Ob mich der
Alte noch kennen wird, ob ich ihn? Der ganze Inhalt dieser
daherziehenden Grauköpfe, Glatzköpfe, Vollbärte, glatten Kanzel=
gesichter, dieser Actengesichter mit der correctesten Amtsfalte; dieser
Pädagogen, die im Schweiße des Angesichts und im modrigen
Schulstaube den Jungen das carpe diem mühselig erklärt haben
und nun kopfschüttelnd in dieser sonnigen Landschaft sich es heimlich
gestehen, daß ein solcher Tag doch ein besserer Interpret sei, als
alle Philologie; dieser Landwirthe mit den sommergebräunten
Backen, die heute — s'ist merkwürdig! — gar nicht die gewohnte
Andacht finden können, in die sie sonst eine weidende Schafheerde
oder ein blühendes Rapsfeld versetzen konnte — — der ganze
Inhalt dieser Menschen ist heute nur eine einzige große Frage der
Erwartung!

Das Leben hat selten Momente, wo das Herz sich über das
alltägliche Maß dehnt, als woll' es eine Welt umspannen voll
Licht und Leben — diese Tage, da die Thuringia ihre Angehörigen
zusammenführt zur Feier ihres 50jährigen Bestandes, sind ein
solcher Moment. Wer heute nicht ein wenig zum Dichter wird,
der ist, ich will drauf schwören, schon als Student ein Philister
gewesen. Wer heute kommt, weil eine Pflicht ihn riefe und nicht
das erinnerungsvolle, übervolle Herz, der ist, er mag's leugnen wie
er kann, für nichts mehr empfindlich als für den Pantoffel seiner
Hausfrau oder für das Stirnrunzeln seines hochmögenden Chefs!
Wer heute nicht herausgeht aus der Werkeltagshaut und sich in
der Sonne dieser Tage nicht häuten kann, der soll sein pergamen=
tenes Fell vererben nach Lichtenhain, daß es dort hänge über dem
Räubertische — zum Schrecken aller versimpelten Füchse! Aber
was wettet ihr, Theologen und Schulmeister? Heut' seid ihr alle
zu Knakianern geworden und möchtet der Sonne zurufen: O stehe
still! Ihr Herren der Medicin, heute laßt ihr ausnahmsweise
kein Princip gelten als Sympathie; euch aber, ihr Politiker, ward

von allen das schönste Loos. Euch löst sich heute die graue
Wirklichkeit und das drückende Amt in den rosigsten Traum auf:
die norddeutsche Bundesfahne, in deren Dienst ihr sonst auf über-
heizten Bureau's mürrisch gekritzelt und geurtheilt habt, sie flattert
als Festfahne des holdesten Jugendtraums auf den Zinnen der
lieben Kneipe.

Wenn Treue, Beständigkeit und begeisterte Liebe so lange in
den Mitgliedern eines Bundes wurzeln, wovon auch das parteiisch
befangenste Auge noch alljährlich sich überzeugen, am 300jährigen
Feste der Universität vor Allem überzeugen konnte, und wofür der
jenaische Bürger selbst zu jeder Stunde gerne das Zeugniß ablegt:
da kann der Grund nicht allein jenes allgemeine sympathetische
Band sein, mit welchem der Mann an den Erinnerungen der
Jünglingszeit hängt, es kann nicht der allgemein unvertilgbare
Eindruck sein, der dem Manne von der schönen Studentenzeit
anhaftet bis an sein Grab. Es muß etwas mehr sein. Die
Garantie für eine nachhaltige Wirkung auf Herz und Character
ihrer Angehörigen muß in der historischen Haltung der Verbindung
selbst liegen; sie selbst muß im Allgemeinen s e i n, was sie am
Einzelnen g e t h a n hat. Liebe und Treue kann aber kein Mensch
von einem andern fordern, wenn er nicht den Postulaten einer
echten Mannesnatur entspricht. Ein Bund unter Schlechten ist
wohl denkbar und auch möglich, aber nicht haltbar. Er kann vor
Allem nicht starke Schläge des Geschicks überdauern, nicht Schläge
solcher Art, wie sie unser Bund hat überdauern müssen — zu
seinem Heile vielleicht!

Was der betroffenen Generation schweres Ungemach dünkt,
wird den späteren als ein Prüfungsmittel des ganzen Bundes und
seines inneren Werthes im Lichte einer heilsamen Läuterungszeit
erscheinen. Und die T h u r i n g i a hat manch einen solcher Momente
gehabt! Unter schweren Wehen entrang sie sich dem wüsten Wirbel
der demagogischen Bewegungen und der letzte geschichtliche Grund
für die Gründung einer Thuringia ist, wie unten ersichtlich werden
wird, kein anderer als — Sand's excentrische That an Kotzebue.
Sie erfuhr ferner 1833 eine vollständige Aufhebung durch die

Staatsgewalt, 1836 durch harte Maßregelungen des Senats die Nöthigung, ihre temporäre Auflösung dem S. C. anzeigen zu. müssen. Das waren die schwersten Zufälle, auf die sie zurückblickt. Es liegt in der Natur der Sache, daß mit den zunehmenden Jahren die Bürgschaft für ihre Dauer wachsen muß, weil die Sympathien zwischen Bund und Bundesgenossen immer inniger werden, je würdiger seines Bestandes sich der Bund durch die Beschaffenheit seines inneren Kernes, durch die ausdauernde Kraft seines ihn belebenden Geistes bekundet. Dieses Naturgesetz berechtigt uns, liebe Brüder, von der Zukunft noch eine andauernde Blüthe unsres Bundes erwarten zu dürfen, eine Blüthe bis in Tage hinaus, die weit jenseits unsres persönlichen Daseins liegen — so lange Freiheit, Ehre, Bruderliebe in einem Mannesherzen noch Wiederhall finden und für eine studirende Jugend nicht zur thönernen Schelle werden. Die theure Matrone Thuringia ist 50 Jahre alt geworden, indessen, es geht ihr wie Penelope, sie kriegt keine Runzeln, aber immer wieder frische, feurige Freier!

Eine Vorgeschichte des Corps Thuringia auch nur einiger-maßen zu skizziren, findet seine unüberwindliche Schwierigkeit darin, daß man bis in die fernsten Zeiten zurück nur durch Wahrscheinlichkeitsschlüsse und allgemeinere Betrachtungen ge-langt, die specieller für eine Thuringia noch maßgebend sein können. Unser Struck hat dem Verfasser für diese Periode eine ziemlich eingehende Erwägung zur Benutzung zugestellt, und nach ihm sind in der Entwicklung der academischen Verbindungen 2 Zeit-abschnitte deutlich zu erkennen:

I. Der Zeitraum von 1558—1765, d. h. vor der Entstehung der öffentlichen Verbindungen bis zu deren gesetzlicher Auflösung,

II. der Zeitraum von 1765—1815, oder von der Entstehung der geheimen Verbindungen, bis zu deren Aufgehen in die allgemeine Burschenschaft.

Das alte, von der Universität Paris auf die Hochschulen zu Prag, Wien und Leipzig übergegangene Nationenwesen hat nach Karl von Raumer's Versicherung bei den nach 1409 gegründeten Universitäten selten Eingang gefunden; es bildeten sich vielmehr auf diesen, insbesondere auch in Jena, studentische Verbindungen, die sich von den „Nationen" wesentlich dadurch unterschieden, daß ihre Mitglieder nicht aus verschiedenen Volksstämmen, sondern in der Regel aus einem stammten. Diese Verbindungen nannten sich „Landsmannschaften" und bezeichneten sich nach dem betreffenden Stamme. Der Zeitpunkt ihrer Entstehung fällt wahrscheinlich in die letzte Hälfte des 16. Jahrhunderts, denn schon 1610 erging ein sie betreffendes Interdict. —

Eine Thuringia wird unter diesen Verbindungen noch nirgends genannt. 1763 bestanden 1) Mecklenburger (hellblau=purpur), 2) Moselaner (weiß=grün), 3) Kursachsen (perlgrau=carmoisin), 4) Hannoveraner (grün=blau), 5) Holsteiner (scharlach=weiß); 6) Kur= und Livländer (weiß), 7) Weimaraner, Eisenacher und Erfurter (!) (blau=ponceau), 8) Siebenbürgen (schwarz=weiß), 9) Franken, (grün=roth), 10) Pommern (gelb), 11) Altenburger (rosa=gelb), 12) Schwaben (gelb=schwarz), 13) Meininger (grün=schwarz), 14) Jenenser (roth=grün=weiß), 15) Gothaer (ponceau=gelb).

Man sieht sogar daraus, daß der Begriff Thüringen in viele Theile zerschlagen ist, d. h. bei dem stark entwickelten Nationalitätsprincip vielleicht zu allgemein und unbestimmt schien, um eine „Landsmannschaft" zu bezeichnen. Selbst ein alter Bericht über den berühmten Scandal 1792 nennt noch keine Thüringer, wohl aber außer den obigen noch Westphalen, und dabei sonderbarer Weise viele mit veränderten Farben. (L.)

Die Mitglieder einer solchen Nation schieden sich je nach dem Burschenalter in Schoristen und Pennäle.

Nach den auf unsere Zeit gekommenen „Programmen" (Statuten) wählten die Ersteren aus ihrer Mitte den Senior, Director, Fiscal, dessen Amt wechselte und theils kurze, theils lange Zeit dauerte. Sie führten mit den Landsmannschaften der andern Universitäten Korrespondenzen und sorgten dafür:

„daß, wenn einer hier nicht gelitten, er dort untergebracht, und daß der, welcher etwas an die Obrigkeit gebracht, vor unehrlich gehalten und überall verfolgt wurde."

Ihre sonstigen Verfassungs- und Verwaltungsangelegenheiten ordneten sie jedenfalls in zeitweise zusammenberufenen Konventen durch Majoritäts-Beschluß.

Der neu angekommene Scholar wurde, nachdem er durch den obrigkeitlich autorisirten Act der Deposition (Beania) in die betreffende Facultät inscribirt worden, von den Schoristen „eingefangen" und zum Eintritt in die Verbindung bewogen. Sobald dieser erfolgt, begann das Pennaljahr.

Während desselben stand er unter den absoluten Befehlen der Schoristen und diese behandelten ihn rücksichtslos, wie „einen Lehrling oder Knecht". Hatte er in irgend einer Weise gesündigt, so citirten sie ihn vor sich und straften ihn „um Geld oder einen Schmaus"; hatte er „aus der Schule geschwatzt", oder „der Obrigkeit Anzeige gemacht": so wurde er für „unehrlich" gehalten und aus der Verbindung gestoßen. Sein einziges Recht bestand in der Erlaubniß, für ihm widerfahrene Beleidigungen durch einen der Schoristen Genugthuung fordern zu lassen; sein einziger Trost war, dereinst Andere wieder knechten zu können. Nach Beendigung des Pennaljahres wurde er, nachdem er vorher jedes Mitglied der Landsmannschaft hierum gebeten, „absolvirt" und „zu einem rechten Studenten erklärt." Zum Dank hierfür hatte er „den Absolutionsschmaus" auszurichten und

„bald fuhren in ihn sieben böse Geister, welche ihn antrieben, die Pennäle ebenso zu vexiren, als man es ihm bisher gemacht."

Die academischen Annalen bezeichnen diese „tyrannische" Verfassung mit dem Kollectivnamen „Pennalismus"; sie schildern sie als eine wahre Verschwörung, eine Organisation des Bösen, durch welche frevelhafte ältere Studenten die rohe Herrschaft über jüngere üben, alle Zucht beseitigen und jede disciplinarische Maßregel der Obrigkeit vereiteln.

Die Streitigkeiten der Landsmannschaften wurden durch das

Duell ausgefochten; als allgemein gebräuchliche Waffe biente der aus Frankreich herübergekommene Stoßdegen mit tellerförmigem Stichblatt.

Das Kneipleben war obserbanzmäßig durch eine Art Bier=comment geregelt.

Schon in dem Briefe des Herzogs Albrecht von Sachsen aus dem Jahre 1624 erlitten die öffentlichen Landsmannschaften den ersten Stoß gegen ihre Existenz. Er schreibt in drastischer Weise an die Universität Jena:

„Zubor unerhörte, unberantwortliche, unbernünftige unb ganz barbarische Gewohnheiten sind eingerissen. Wenn Jemand sich in unsere Universität gewendet, so wird er solange als ein Pennal, Feix, Spulwurm unb bergleichen geschimpfet, bis er wider seinen Willen eine kostbare Gasterei anstellen lasset. Dabei bann unzählich biel Untugenden unb Exceß, Gottes=lästerungen, Thüren=, Ofen= unb Fensterstürmen, Bücher unb Trinkgeschirr auswerffen, Leichtfertigkeit in Worten unb Geberden, Fressen unb Saufen, Sünde, Schande unb überaus gottlos ärgerliches Leben, bisweilen auch wo Mord unb Todtschlag begangen wird. Durch solch wüstes Leben wird nicht allein unserer Universität guter Ruf verringert, sondern es halten auch viele Eltern ihre Kinder von dem Besuch zurück ꝛc."

Dies Schreiben war der Vorläufer des Regensburger Reichs=tages von 1654 unb ber durch ihn veranlaßten allgemeinen Razzia gegen ben Pennalismus, ober, richtiger gesagt, gegen die Ver=bindungen, unb bereits in den Jahren 1660—1662 erging für bie sächsischen Universitäten Leipzig, Wittenberg unb Jena bie Verordnung:

„baß ein Student, ben man um bes Pennalismus willen auf einer bieser Universitäten relegirte, auf keiner ber beiben. andern aufgenommen werben bürfe."

Im Jahre 1765 wurden die Landsmannschaften in Jena gesetzlich aufgehoben. Möglich ist es nun schon eher, baß nach biesem Verbot der öffentlichen Landsmannschaften bei Errichtung der geheimen einige neue Bezeichnungen, also auch eine Thuringia, entstanden sind. Ja wir dürfen von hier ab getrost die Existenz einer solchen annehmen, weil Adjunct Hagen, der noch vor 1800 studirte, uns öfter bemerkte, daß schon vor seiner Zeit eine Thuringia existirt habe. (V.)

Was die Verfassung dieser „geheimen" Landsmannschaften anbelangt, so hatte sich bis zum Jahre 1765 schon Vieles geändert. Die unbedingte Despotie des Pennalismus wurde im Laufe der Zeit zu einer Art Aristocratie, das unbestimmte Programm zu einer Konstitution und die willkürlichen Bestimmungen der Scho= risten zu einem feststehenden Komment. Nach 1765 aber hatten sich die Verhältnisse, wie ich mit Klüpfel annehme, folgendermaßen gestaltet:

„Das Corps zerfiel in eigentliche und uneigentliche Mitglieder, in Corps=Burschen und Renoncen. Nur die Ersteren waren vollberechtigte Theilnehmer der Verbindung und ihr Kern; die Letzteren bezeichnete schon ihr Name als solche, welche auf den vollen Antheil an den Verbindungsrechten verzichteten und nur dem Corps sich anschlossen, um seinen Schutz und sein Ansehen mit zu genießen. Zugleich war die Renoncenschaft eine Art Novizenthum, in welchem jeder, der in's Corps eintreten wollte, so lange ver= bleiben mußte, bis man ihn näher kennen gelernt hatte. Die alsdann und zwar nach vorheriger Ballotage erfolgte Aufnahme geschah mit einer gewissen Feierlichkeit, nach einer Art von Katechi= sation über den Komment und die Verbindungssätze, durch Umhängung der Bänder, Mittheilung der Verbindungschiffre und Bruderkuß.

Von den Corps=Burschen auf ein Jahr gewählt, standen an der Spitze der Verbindung der Senior, Konsenior, der Se= cretär und je nach der Zahl der Mitglieder einige weitere Char= girte. Diese zusammen bildeten den Konvent, der über alle Corps = Angelegenheiten absolut zu beschließen hatte, die Re= präsentation nach außen besorgte und den regelmäßigen Gelagen präsidirte, dem aber auch jedes Mitglied unbedingten Gehorsam schuldig war.

Zweck des Corps war, den Komment aufrecht zu erhalten und dem Studentenleben seine phantastische glanzvolle Seite zu bewahren. Diesen Zweck zu erreichen, war das Zusammenwirken aller in Jena vorhandenen Landsmannschaften erforderlich. Als Organ hierfür trat von Zeit zu Zeit der Senioren-Konvent zusammen. Er bildete die oberste Studentenbehörde, nahm alle Studenten-angelegenheiten in die Hand und suchte sich seine eigene Existenz durch den Grundsatz zu sichern:

„daß jeder Student, der in öffentlichen Angelegenheiten eine Stimme haben wolle, einer Verbindung angehören und durch seinen Senior sich vertreten lassen müsse; daß der Senioren-Konvent allein Gesetze gebe, Feste anordne, Urtheile spreche; wer seinen Bestimmungen über Ehrenhaftigkeit ıc. sich entziehe, falle eben damit dem Anathem des Verrufs anheim."

Eine solche wohl organisirte Geschlossenheit gab dem Auf-treten jedes Einzelnen etwas Sicheres und Freies, und dieser Geist wurde noch gefestigt durch die äußere Pracht und Solennität der Bundes- und Stiftungsfeste, sowie durch den Glanz öffentlicher Aufzüge.

Ueber das Duell, wodurch es veranlaßt werde und wie es auszufechten sei, galten bestimmte Vorschriften, als Waffe war der Stoßschläger und Pariser, nebenher auch wol Hieb- und Schußwaffen im Gebrauch.

Das Zusammensein auf der Corps-Kneipe war, wie früher, durch den Biercomment geregelt.

Als termini technici waren im Gebrauch: „Fuchs, Brandfuchs, Jungbursch, Altbursch, bemoostes Haupt."

Daß diese Principien auch für die Thuringia maßgebend gewesen, bestätigt der noch im Jahre 1815 gültig gewesene und noch jetzt vorhandene Komment, sowie das jetzige Verfassungsleben unsrer Verbindung.

Es erscheint mir angemessen, hier noch die durch unsichere Traditionen hervorgerufene Kontroverse zu erörtern:

„ob eine Thuringia in der Mitte des 16. Jahrhunderts nicht etwa eine der zu jener Zeit entstandenen, den Lands-

mannschaften feindlich gesinnten Studentenorden repräsentirt
habe?"*)

Nach meinem Dafürhalten muß diese Frage verneint werden.
Abgesehen von dem Mangel jedes urkundlichen Nachweises, so
erwähnt selbst jene, noch zu meiner Zeit (1846—1847) murmelnde
Tradition nichts davon, daß unsere Verbindung jemals freimaurerische,
die Orden characterisirende Symbole angenommen, oder gar mit
außeracademischen Orden in Verbindung gestanden hätte." — —

Die erste sichere Nennung einer Thuringia fällt bei Keil in
dasselbe Jahr, in welches der folgende Bericht Sittigs die Gründung
(oder Neugründung) einer Thuringia verlegt, d. h. 1805. Unter
den Mitbegründern erwähnt Keil den Karl Völker aus Dornburg,
der kurz nach der Schlacht bei Jena einen französischen Officier im
Duell erstach. Stadt und Senat zitterten vor der Wuth der
Sieger ob dieses Vorfalles, als der Commandant erklärte, das fiele
täglich unter seinen Officieren vor, man müsse das ignoriren.
„Nun, so wollen wir es denn auch ignoriren", sprach aufathmend
der Prorector.

Der erwähnte alte Herr Hr. Sittig aus Gotha berichtet nun
Folgendes:

„Ostern 1804 kam ich nach Jena und wurde von den dortigen
Landsmannschaften bald dadurch abgeschreckt, daß ich nebst anderen
Füchsen mit in die Kneipe der Sachsen (Kochs Garten am
Paradiese) genommen wurde, wo des Nachmittags im Garten
Kegel gespielt, gesungen und getrunken wurde, so daß ich bespitzt
um 7 Uhr zum Essen ging. Man ließ mich aber nicht eher fort
als bis ich mein Ehrenwort gegeben hatte, wieder zu kommen.
Als ich zurückkam, wurde in den Saal gezogen und bei Sauliedern
solange commercirt, bis wir Füchse total betrunken waren und
manche sich zur Saxonia keilen ließen. Das war das erste und
letzte Mal, daß ich das Commershaus der Sachsen betrat. Von

nun an hielt ich mich mit einigen Landsleuten zu den Norddeutschen, Weimaranern und Eisenachern.*) Die Sonne, der Fürstenkeller, und Zwätzen waren die Orte, wo wir zusammen kamen. Wir geriethen aber in stete Händel mit den alten Landsmannschaften der Sachsen, Westphalen, Rheinländer und Franken. Ein von uns berufener S. C. wurde von jenen unter dem Vorgeben nicht beschickt, daß wir keine constituirte Verbindung wären und kein Recht hätten, S. C. zu berufen. Dies war die Veranlassung, daß sich die Weimaraner und Eisenacher als Thuringia am 16. Febr. 1805, die Gothaner als Erneſtiniana, die Altenburger als Altenburgia auf der Tanne als gemeinſchaftlichem Commershaus conſtituirten und die Mecklenburger, Holſteiner und Pommeraner als ſolche ſich anſchloſſen und ſämmtliche in Cartel untereinander traten, wodurch wir im S. C. 6 Stimmen gegen 4 erlangten. Daburch entſtanden unzählige Reibereien und Duelle. Ich beabſichtigte nun ſpäter, als Senior der Erneſtinia, dieſe mit der Thuringia zu vereinigen, da ich aber ſah, daß ſich die erſtere ſo wie ſo nicht halten werde, ſo trat ich aus und zur Thuringia über. Als Thüringer habe ich mich im Verein mit den Norddeutſchen bis zu meinem Abgange Mich. 1806 ſehr wohl befunden. Die damaligen Paukereien fanden im Rauhthale und auf der Kunitzburg ſtatt, da die alten Landsmannſchaften in Löbſtedt hauſten."

Dieſe Thuringia, ſetzt S. hinzu, hörte erſt, wie alle Landsmannſchaften, mit der Errichtung der allgemeinen Burſchenſchaft auf. In wie fern es dieſe Th. doch nicht war, wird unten erſichtlich. Jedenfalls aber verdient Sittig's Bericht, der auf Grund authentiſcher Erinnerungszeichen und Documente abgefaßt iſt, mehr Glauben als Keils (Geſch. d. Jen. Studentenlebens) flüchtige Angabe, daß die Thuringia ſich nach Auflöſung des Ordenswesens zum Theil aus den Conſtantiſten 1806 gebildet

---

*) Alſo noch immer werden Theile des ganzen Thüringens genannt. Wenn eine Nationalität Thuringia beſtanden hätte, müßten Weimar, Gotha, Eiſenach, Jena u. A. doch dazu gehört haben? L.

habe, wie denn Keil's Buch in Bezug auf die Geschichte der Corps nur höchst vorsichtig zu brauchen ist, da er vom Parteistandpuncte eines Burschenschafters nicht wegkommt. Die Landsmannschaften hatten zur Basis die Ansicht, daß guter Ton unter Studenten die Hetzereien verbiete, die akademische Freiheit sich den Aussprüchen des Senats entziehen. müsse, daß jugendliche Kraft sowohl im Studiren, als im Handeln bestehn müsse, deshalb die Vereinigung nach Nationalitäten nöthig sei, und daß vor Allem das Mitglied bestrebt sein müsse, s e i n e r Landsmannschaft die Hegemonie unter den übrigen Verbindungen verschaffen zu helfen.

Die isolirte Stellung der Altenburgia und die Erbitterung unter den Landsmannschaften, von denen nur Thüringer und Gothaner zu einander hielten, führte im Sommer 1808 zur Auf-lösung der Thuringia, wobei einige der Austretenden die Guest-phalia gründeten. Die Altenburger nahmen Farben, Verfassung und Namen einer Saxonia an, und die Gothaner erklärten von jetzt an Thüringer heißen zu wollen. Die Kneipe war von jetzt ab der Bär.

1809 brachten die Westphalen Störungen in die Einigkeit der Landsmannschaften. Ihr Betragen veranlaßte die Andern, sie für unhonorig zu erklären. Im August erfolgte daher ein heftiger Knüttelkampf zwischen Westphalen und den 3 andern Landsmann-schaften. Die Untersuchung zwang die Letzteren, sich auf den Löb-stedter Wiesen am 7. August 1809 feierlichst aufzulösen. Der Senat zeigte das strengste Vorgehen gegen die Theilnehmer jenes berühmten Scandals.

Im Jahr 1810 constituirte sich abermals eine Thuringia (Franken und Sachsen bestanden bereits wieder), die sich im Sommer d. J. abermals auflöste und Michaeli zum vierten Male aufthat. Neu verhängte Untersuchungen waren der Grund ihrer wankenden Existenz. Damals bestanden 7 Landsmann-schaften, die das heil. deutsche Reich unter sich in 7 Werbedistricte getheilt hatten, aus denen kein Student in die nicht „landsman-schaftliche" Verbindung treten durfte.

Die Zustände dauerten bis 1813, wo das Studentenwesen von

außen einen harten Stoß bekam. ³/₄ der Studenten folgten dem
Rufe des Preußenkönigs oder dem Herzog Karl August in den
heiligen Krieg. Die Landsmannschaften fristeten mit den Wenigen,
die zurückbleiben mußten, ein kümmerliches Dasein*) bis zur Capi=
tulation von Paris 1814, wo denn viele zurückkehrten, um ihre
Studien wieder aufzunehmen. Die meisten traten den alten Ver=
bindungen nicht mehr bei, und die 4 Landsmannschaften Franken,
Thüringer, Sachsen, Vandalen blieben schwach. Ein neuer Geist
war über die Welt der Studenten gekommen, die Gründung einer
allgemeinen Burschenschaft war im Anzuge. Sie erfolgte am
12. Juni 1815 und verschlang nach und nach alle noch bestehenden
Verbindungen. Am längsten hielt sich — bis 1816 — die Saxonia
in kümmerlicher Selbstständigkeit, und von jetzt existirte keine weitere
Verbindung in Jena außer der allgem. Burschenschaft.

Ehe wir jedoch in die eigentliche Geschichte des Corps eintreten,
mögen einige hinterlassene Berichte des Legationsrathes Dr. Weller
bezeugen, wie noch im Anfange d. J. 1815 die Landsmannschaften
sich anstrengten, ihre Lebensfähigkeit nach außen zu bethätigen, als
hätten sie eine Vorahnung von dem unabwendbaren Geschicke gehabt.
Die zu erzählenden Aufzüge gleichen dem letzten hellen Aufflammen
einer Lampe vor ihrem gänzlichen Erlöschen. Zugleich mögen sie
dazu dienen, die meisten Mitglieder wenigstens noch dem Namen
nach kennen zu lernen. Am 23. Januar 1815 hielt die Thuringia
eine Schlittenfahrt nach Burgau in folgender Ordnung:

1) der Senior Weller in Uniform zu Pferd.
2) Bruder Neithardt II. mit der Fahne zwischen Thiem und
   Bernstein, zu Pferd in Uniform.

---

*) Ein widerwärtiger Hang zu Hazardspielen sei damals eingerissen, sagt
Keil pag. 341. Wir wollen die Thatsache nicht läugnen, dafür aber einen in
die 1813 vollzogne Revision der Statuten der Thur. aufgenommnen Paragraphen
anführen: „Wer hazardirt, was im C. C. verboten worden, zahlt das erste Mal
8 Gr., im zweiten Uebertretungsfalle 16 Gr., im dritten 1 Thlr. Spielt er zum
4. Mal, so wird er excludirt." Weitere Belege, wie Keil den landsmann-
schaftlichen Verbindungen das im Allgem. aufbürdet, was nur Leichtsinn der
Einzelnen war, s. im Folg.

3) Ein Vierspänner für den Prorector, deshalb leer.

4) Ein vierspänniger Staatsschlitten mit Hobermann und Löber. Hintenauf ein Mohr.

5) Ein sechsspänniger Schlitten mit der Musik.

6) Drei Reiter, Rieth, Sterzing und Reithardt I., in neuen Reitcollets.

7) Ein vierspänniger Prachtschlitten mit den Senioren der übrigen Verbb.: Horn von den Vandalen, Schild von den Franken, Teichert von den Curonen und Besser von den Sachsen.

8) Ein Vierspänner mit Martins und den alten Herren Funk und Dr. Blancmeister.

9) Ein Reiter, Hey, in Kosakenuniform.

10) Ein Vierspänner mit Kopp und Müller. Hintenauf ein Mohr.

11) Ein Reiter, Baumgarten, im Reitcollet.

12) Ein Zweispänner mit v. Knebel, Hemleben, Batzig, Schmidt und Reißland.

13) Mehrere Zweispänner mit je 5 Brüdern.

14) Lossius zu Pferd.

15) Mehrere Zweispänner.

16) Kunstmann und Heß zu Pferd, in Uniform.

Diese Schlittenfahrt kostete der Thuringia mit Zehrung und Allem gegen 300 Thlr.

Dem abtretenden Prorector Eichstädt, der sich stets human und nachsichtig gegen die Studenten benommen, wurde auf S. C. Beschluß am 4. Febr. 1815 ein Fackelzug mit Transparenten gebracht. Die Thüringer hatten nach dem Loose den Redner, den Generalanführer die Franken, die Chapeaux d'honneur Franken und Sachsen zu stellen. Vandalen und Curonen betheiligten sich nicht, weil sie zu schwach waren. Nach dem Fackelzug lud der tiefgerührte Eichstädt die Deputation zu sich und behielt sie bis 12 Uhr, während allgemeiner Commers stattfand.

Die Thuringia ergab sich dem drängenden Geiste der Zeit am 12. oder 29. Mai 1815 (es liegen 2 Angaben vor). Ihr letzter Senior war Weller. Nur Einer ergab sich n i c h t! Credite,

posteri! Einer trug in einsamem Trotze gegen den Riesen Zeit-
geist seine Thüringerfarben fort und hat später noch öfter für sie
auf Mensur gelegen. Unstreitig hat dieser Groll in seiner Ver-
einsamung in solcher Zeit etwas Großartiges! Dieser Bursch,
dessen Name der Aufzeichnung wohl werth ist, war Schreyer,
jetzt Pastor emer., aus Saara in Altenburg.

Den Uebergang in die besondere Geschichte der Thuringia mag
der ausführliche Bericht Frank's bilden, welcher erzählt: „Ich bezog
die Universität zu Ostern 1818, nachdem ich, 15 Jahr alt, den
Winterfeldzug gegen die Franzosen 1813/14 als freiwilliger Jäger
mitgemacht. Ich fand die allgemeine Burschenschaft in höchster
und, wie mich dünkt, reinster Blüthe, so daß wir Füchse sämmtlich
in ihren Bund traten. Von einer staatsgefährlichen politischen
Richtung vernahmen wir durchaus nichts, wol aber war es mir
und meinen Freunden auf= und mißfällig, daß die sogenannten
Altdeutschen, im bekannten kurzen Rock, mit ellenlangen Haaren,
die ihren Erkennungs= und Sammelplatz auf dem Turnplatze und
auf dem Burgkeller ihre Kneipe hatten, sich für die dii majorum
gentium hielten und in der Burschenschaft die alleinige Direction
führen wollten. Sie betrugen sich eitel und narrenhaft und wußten
trotz ihrer fanatischen Reden auf dem Turnplatze das Herz, wenn
es galt, nie auf dem rechten Fleck zu erhalten. Diesen Uebelstand
abgerechnet, lebten wir ganz gemüthlich in Jena, bis Sand, mein
Nachbar im Colleg, einer der biedersten, ruhigsten, sittlichsten der
Altdeutschen, im Sommer 1819 die bekannte Mordthat beging.
Da wir zugleich von allerlei Beschlüssen eines Geheimbundes unter
den Altdeutschen hörten, so sahen wir mit Schrecken ein, welche
Kluft zwischen uns und ihnen bestände. Wir hatten daher nicht
das Mindeste einzuwenden, als der Großherzog Karl August am
26. November 1819 die Burschenschaft auf Preußen's Drängen
auflöste. Sofort munterte ich meine Bekannten, so viel wir
gewöhnlich auf dem halben Monde bei Planert zusammenkamen,
auf, aneinander festzuhalten und darauf zu sehen, daß kein anarchi-

sches, knotenhaftes Wesen sich geltend mache. Zu einer durch
Statuten befestigten Verbindung durften wir bei den strengen von
Frankfurt erlassenen Verboten nicht schreiten; auch hielt ich es in
meiner Studentenpolitik für nothwendig, daß Professoren, Studenten
und Bürger mit dem Gedanken an Corpsverbindungen erst wieder
vertraut werden müßten, bevor man dergleichen einführe. Der
vorläufigen Ordnung unter uns wegen wurde jedoch ein Vorsteher
und ein Cassirer gewählt. Das Amt des ersteren habe ich und
Steibel von 6 zu 6 Wochen abwechselnd verwaltet. Nicht lange
jedoch, so vermerkten die Altdeutschen unsre Absichten, zeigten sich
ernst gegen uns und sandten uns dringliche Zuschriften, worin sie
die Nothwendigkeit, die Burschenschaft im Stillen fortzusetzen,
darlegten. Wir machten dagegen aufmerksam, daß es bei der
gegenwärtigen Vergewaltigung das Beste sei, kleinere Corps —
nicht Landsmannschaften — zn bilden, welche, jedem Deutschen
zugänglich, das Studentenleben durch einen verständigen Comment
vor Entwürdigung bewahren sollten, die sich eben so fern hielten
von den Sünden der alten Landsmannschaften, als von allem
unberufenen, unreifen Eingreifen in die politischen Verhältnisse
Deutschlands.*) Wir waren Prediger in der Wüste. Die Zuschriften
wurden giftiger, das Verhältniß schroffer: die Entscheidung nahte.
Als wir aus den Osterferien 1820 zurückkehrten, trat der Mediciner
König zu uns über und eröffnete uns, daß der Burgkeller unsern
Untergang beschlossen und deren Fechtmeister auf Sand's geheiligten
Dolch geschworen habe, 20 von uns mit höchsteigener Hand zu
„setzen“, vor Allen m i ch, den ersten Gegner der allg. Burschen=
schaft. Sie wollten uns im Dunkeln des Abends auf dem Graben
ablauern und mit abgebrochnen, gespitzten Rappierstücken, die leicht
zu verbergen seien, niedermachen. Von nun an gingen wir nur

---

*) Wie sehr sticht dieser Bericht des ehrwürdigen Greises gegen Keils zelotische
Sprache ab, der an der betr. Stelle nur Gemeinheiten auf Seiten der Corps
kennt, dagegen auf der andern Seite Alles vergoldet! Es ist verzeihlich, in der
Darstellung der e i g e n erlebten kurzen Zeit parteiisch zu sein, aber es ist mehr
als ein Fehler, bei Abfassung der Geschichte eines 300jährigen Studenten=
lebens durchaus keine andre, als die schwarz=roth=goldne Brille zu benutzen.

vereint aus, den ehrlichen Ziegenhainer in der Hand, ich mit einer Rose auf der Mütze. Sie wagten sich nicht an uns. Der Fecht- meister, mit dem Beinamen Haez, erschien jedoch auf unserer Kneipe mit einem anderen Langhaar eines Sonntags Nachmittags. Ich spielte Solo mit Paetz, Steidel, Seeber; die Füchse Ritz und Heß sahen zu, Alander und Andre saßen zerstreut in der Stube. Mit Alander begann Haez ein Gespräch und forderte ihn auf, mit ihm auf Schwarz-Roth-Gold anzustoßen. Al. thats, verlangte aber seinerseits, daß Haez auf Schwarz-Roth-Weiß anstoße. Dieser weigerte sich mit einer Bemerkung, die keinen Sinn hatte. Ge- lächter an unserm Tisch. Sofort ließ Haez im Beisein des Wirthes Pätz, Steidel, Seeber, Ritz und Heß fordern, nur mich nicht. Als der Wirth hinaus war, wusch ich dem wuthschnaubenden Haez mit einem Vortrage über verletzten Comment, der nie gestatte, im Beisein von Philistern zu contrahiren, den Kopf. — Pätz begann den Reigen und legirte den Schläger des Gegners 2mal. Dieser nahm nach dem 6. Gange Satisfaction. Seeber folgte und trieb ihn soweit von der Mensur, daß Haez ebenfalls Satisfaction nahm. Nun bestimmte der lange Steidel und gab im 6. Gange dem Gegner „am verwahreten Ort" einen Stoß, der ihn beinahe um alle künftigen Ehefreuden gebracht hätte. Nach der Heilung setzte Steidel die Suite mit ihm fort und gab ihm im 9. Gange eine Quarte reverse über die ganzen posteriora. Haez nahm Satis- faction. Nachdem er curirt war, bestimmte ich ihn. Im 7. Gange saß die allbekannte Frank'sche Seconde und hatte 4 Löcher auf einmal durch den Arm gemacht, durch die oberste schaute mein eigner Schläger noch fingerlang heraus. Des Gegners Waffe flog durch die Stube — entsetzt über das Schicksal ihres Fechtmeisters erklärten die Altdeutschen, keine Satisfaction mehr zu geben, Am andern Tage sollte eine Deputation von ihnen nach Halle und Leipzig gehen, um sich dort als Burschenschaft anerkennen, uns aber in Verruf thun zu lassen. Sofort jagte der Kurländer Conradi, (der dann die Saxonia stiftete), per Courierpferd in beide Städte, und wir sahen unsre Anerkennung gesichert, und die Burschenschaft, die später in Verruf fuhr, abgewiesen. Sofort am

6. Juni 1820 etablirte sich die Thuringia, am 7. die Saxonia, und am 20. Januar 1821 die Franconia." — Heinr. Pätz und A. Schumann haben zwar das Corps mit gegründet, konnten aber nicht activ werden, da sie bereits zum Examen berufen waren, also auch keine eigentliche Charge annehmen. Dahin sind alle Verwirrungen und Differenzen (zwischen Knoch, Ritz, der Corpsliste u. A.) zu berichtigen. (L.) Die Namen der ersten activen Thüringer sind nach Frank's Bericht diese: Frank*), Steibel, Knoch, Seeber, Steubing, Spörl, Jäger, Heß, Rieth, König, Wunder, v. Einsiedel, Cramer, v. Metzsch, Rein, Heynich, Mitlecher, Orphal, Möller, Huck, Ritz, Kettner, Anschütz, Haltenhof, an Zahl 24. Dazu die Renoncen: Hölzer, Knoch (Bruder des vor.), Gräfe, Perlet, Alander.

Es ist schon angedeutet, welche Zwecke die Gründer zunächst verfolgten. So trefflich auch die Idee der allgem. Burschenschaft gewesen, sie war jetzt noch weder möglich, noch factisch. Verbindung sollte hingegen vor Entartung in Barbarei und Knotenthum schützen, und da diese Verbindung wiederum nicht Landsmannschaften mit allen früheren Unarten sein sollte, die auch von oben nicht geduldet worden wären, so sollte die Verbindnng ein Corps sein, welches die Mitglieder nicht nach dem engeren Vaterlande, sondern nur darnach frage: Bist Du ein ehrenhafter Mensch?**) Als Zweck der Verbindung ward aufgestellt: Beschaffung und Förderung eines anständigen, geselligen, dem Dienste der Wissenschaften gewidmeten Lebens mit ausdrücklichem Ausschluß aller politischen Ziele. Die gegen alles Renommiren, Saufen und gegen alles lüderliche Leben gerichteten Paragraphen mußten von äußerster, drakonischer Strenge sein, um der Regierung von vornherein einen Geist entgegen zu bringen, der ihre Billigung habe, und das

---

*) Personalia über alle s. im Anhang.

**) Es ist geradezu lächerlich, wenn Keil darin, daß die Landsmannschaften und Corps die Stammeseigenthümlichkeiten unangetastet ließen und nicht Alles in die allgemeine deutsche Jacke steckten, die Förderung der innern Zerrissenheit des deutschen Vaterlandes erblicken will! Als ob der Schwabe und Pommer nicht auch in einem einigen großen Deutschland schwäbisch und pommerisch bliebe!

Vorurtheil zu nehmen, daß die Begründung von Landsmannschaften im Werke sei." Und damit war — sagt Frank — der Weg der Rettung in der That · für mich und mein Corps betreten." — Schon war von Seiten des Prorectors Andreä an Maßregeln gedacht worden, gegen Frank vorzugehn und Jeden zu relegiren, der ihm in der Gründung einer (so glaubte man) Landsmannschaft beistände. Kirchenrath Danz sollte Andreä's Nachfolger werden und Frank war Mitglied seines homiletischen Seminars. Zu diesem Danz begab sich also Frank, sagte ihm offen von seiner Absicht, ein Corps zu gründen, legte die Statuten vor und bat ihn, in Weimar anzufragen, ob man ihn wirklich strafen werde, wenn er durch Gründung eines Corps dem jetzigen unerträglichen Zustande ein Ende mache und an die Spitze dieses Corps so lange träte, bis es zu Leben und Bestand gelangt sei? „Danz hörte mich mit wahrer Begeisterung an, las die Constitution mit voller Befriedigung und fügte hinzu, daß der Großherzog die Nothwendigkeit der Verbindungen wohl einsähe, und daß sie nicht anders als im vorgeleg= ten Sinne zu constituiren seien." Bald darauf lud Danz ihn auf sein Zimmer und eröffnete ihm, daß der Großherzog seine Ziele billige, und daß man der Thuringia nichts in den Weg legen werde, so lange sie bei diesen Statuten beharre. Danz nahm ihm das Gelöbniß des Schweigens ab, sowie das Versprechen, das öffentliche Hervortreten der Verbindung um der bundestägigen Spione willen zu meiden und mit den Freunden im Stillen ver= gnügt und heiter auf dem halben Monde oder in Lichtenhain zu leben. Die Constitution, über die sich auch der böse Universitäts= amtmann v. Gohren beifällig geäußert hatte, ward nun niet= und nagelfest gemacht, von Spörl mundirt und vom Buchbinder in rothen Saffian mit Silber gebunden. Am 6/6. 1820 erfolgte die feierliche Unterzeichnung. „Sie wird in ihrer damaligen Abfassung untergegangen sein, denn ihre Strenge mag den Thüringern nicht mehr zugesagt haben, sobald die Corps sich mit der Zeit freier geriren durften." Das Buch ist noch vorhanden und in den Händen des Corps. [L.] Als die ersten Vorstände giebt Frank an: Frank;*** Steidel**; Seeber*. Knoch erster, Steubing zweiter

Repräsentant. Daß Ritz die .ersten Chargirten so verzeichnet: Steibel***, Steubing**, Seeber* — erklärt sich daraus, daß Frank im August ins Philisterium trat (er verließ aber Jena erst im März 1821) und somit noch im Sommer eine neue Chargirten=. wahl nothwendig machte. Knoch giebt an: Paetz***, Schumann**, Frank*, Steibel 1., Knoch 2. Repräsentant.

Dies beruht, wie Knoch selbst in einem Briefe als Möglichkeit andeutet, auf einem Gedächtnißfehler. Die ersten und zweiten Repräsentanten scheinen Vicechargen gewesen zu sein,*) die in Umständen, wo die eigentl. Chargen mit Geschäften überhäuft, verreist, erkrankt u. dgl. waren, in Function traten, wie aus der Wiedereinführung dieser Würden durch Görtz am 8. Februar 1837 unten ersichtlich werden wird.

Die beiden Kurländer Conradi und Weber waren schon am 7. Juni wieder ausgetreten, um die Saxonia aufzuthun.

Die ursprüngliche Constitution arbeiteten aus: Frank, Steibel, Steubing, Ritz. „Die Grundlage bildete die ·Constitution des Thüringer Corps, welches bei der Entstehung der Burschenschaft aufgelöst wurde; sie hatte sich in den Händen des Rathes Weller, ehemaligen Seniors, bis dahin befunden" — so behauptet Ritz. Es ist aber nach dem Berichte Franks, der durch den sichern Ton seines Berichtes alles Vertrauen einflößt, sehr fraglich, ob man auf die Constitution der älteren Thuringia zurückging, wenigstens waren beide dem Geiste nach von Grund aus verschieden und man nahm. vielleicht nur Formelles in die neuen Statuten auf.**)

Aus den nächstfolgenden Jahren bemerken wir nach Keil, daß neue Conflicte in der Burschenschaft die Begründung einer Amicitia, später Teutonia genannt, veranlaßten. Aus der Saxonia und einigen Mitgliedern andrer Verbindungen bildete sich die Rhenania.

---

*) Nach Knoch waren sie die Vorsteher des Fechtbodens. Darnach war also der Subsenior Vice-Senior im Falle der Behinderung des Seniors. sowie Vertreter der auswärtigen Beziehungen, welche Functionen er allerdings in den Statuten der Landsmannschaft Th. vom Jahre 1812 versieht.

**) Nachträglich sind uns die in obiger Anm. erwähnten Statuten zugegangen und wir finden dort unsre oben geäußerte Vermuthung bestätigt.

Diese 5 Corps zählten 150, die Burschenschaft 300 Mitglieder. Die Rhenanen löſten ſich jedoch ſehr bald wieder auf, weil ſie keinen Zuwachs erhielten.

Ein anderer Bericht meldet von hier ab: „Als ich Oſtern 1825 nach Jena kam, ſtand Krügelſtein als Senior an der Spitze und hatte die vorher etwas reducirte Thuringia ſehr gehoben. Wir waren den Sommer 15 Mann außer den Renoncen. Krügelſteins ernſtes, ſtrenges, ſittliches Weſen hatte dem Corps einen guten Geiſt eingehaucht und erhielt ihn, er ſelbſt genoß von uns eine wahre Verehrung — er hieß „unſer Bernhard", und durch einen freundlichen Blick ein Zeichen ſeines Beifalls zu erhalten, darnach ſtrebten wir ſehr. Renommiſten gab es nicht unter uns, die Wechſel waren nur mäßig. Wir gingen fleißig in die Collegia, arbeiteten viel zu Hauſe, daneben verſäumten wir aber auch weder Fechtboden noch Kneipabende und Hoftage. Man paukte ſich, wie ſichs gehört, aber frivol wurde durchaus nicht Scandal geſucht. Darnach ſind die Angaben Keils in der Geſchichte des Jenaiſchen Studentenlebens über die Corps und beſonders über die Thüringer (Seite 505) zu beurtheilen! Selbſt daß unmäßig viel getrunken worden ſei, wird ſich nur auf Einzelne beſchränken; in Lichtenhain freilich wurde etwas mehr getrunken als in der Stadt. Wenn Keil Seite 513 ſagt, man hätte die Verbindungsbänder offen um die Bruſt getragen, ſo iſt das eine Unwahrheit, alle Verbindungen waren damals verboten. Wenn wir zum C. C. gingen, knöpften wir den Rock ſorgſam zu, viele thaten das Band erſt an Ort und Stelle um. Nicht einmal den Wappenkopf trug man offen. Nur dreifarbige Quaſten an den Pfeifen und Mützen trug man ſo. Wenn derſelbe Keil ſagt Seite 477, die Corps hätten den frohen Lebensgenuß als das Höchſte hingeſtellt, ſo iſt allerdings wahr, daß wir keinerlei demagogiſche Berathſchlagungen angeſtellt oder dergleichen Diatriben und Reden hielten, ſondern wir beſchränkten uns auf das, was im Kreiſe unſrer jugendlichen Intereſſen lag. Weiter ſagt Keil pag. 511, daß die Corpsburſchen gern die Kuhſchwofs auf der Tanne, dem Fürſtenkeller beſucht hätten. Ich kann durchaus nicht ſagen, daß das im dort gemeinten Maße der

Fall war." (Für die Verirrungen Einzelner muß man nicht die ganzen Verbindungen verantwortlich machen. Wir können aus unsrer Zeit viel Dinge von Burschenschaftern anführen, über die Keil sich wundern sollte. Sie sind um so schlimmer, als sie geradezu ein Princip in's Gesicht schlagen, das wenigstens bei den Corps kein beschworenes war! L.)

„Große Tänzer waren wir Thüringer alle nicht. Auch auf der Rose bei den Professorenbällen tanzten wir nicht, weil dort die Burschenschafter, als die Mignons der Professoren, und etwa die patenten Sachsen das prae hatten.

Es ist eine Unwahrheit, wenn Keil pag. 500 sagt, daß die Finken von den Corps unterdrückt und mißachtet worden, ja daß man sie für satisfactionsunfähig erklärt habe, um sie zum Eintritt in die Corps zu zwingen. Das muß ihm geträumt haben. Mit den Burschenschaftern freilich war ein Verhältniß nicht. Mit den Sachsen standen wir in meinem 1. Semester gut, ja wir hatten eine Burg mit ihnen in Lichtenhain."

„Im Wintersemester 25/26 trat zuerst eine arge Spannung zwischen uns und der Frankonia ein, Keil giebt als Grund Differenzen an, die bei Niedersetzung einer Commission zur Abfassung von Statuten für den Seniorenconvent und zur Ergänzung des Corpscomments entstanden wären. Wir hatten allerdings mit den Franken p. p. Suiten, was wol von Göckel's Austritt von dort und Uebertritt zu uns herkam.*) Vor Ostern war ein Gesammtcommers auf dem Markte, woran auch die Burschenschaft theil nahm. Bei Keil finde ich darüber gar nichts, vielleicht hat er doch der Wahrheit nicht so sehr in die Augen schlagen wollen, wenn er von der Freude dieser Leute hätte berichten sollen, mit uns zu commerciren, sowie von ihrer Zuvorkommenheit gegen uns. — Das Betrüblichste in diesem Semester war Krügelstein's Pech gegen einen Franken. Er wurde schwer verwundet und verließ Jena."

---

*) Seitdem trennten die Sachsen ihre Burg in Lichtenhain von der unsern.

„Im Sommer 1826 ging ein Bestreben von der Burschenschaft aus, ein commentartiges Verhältniß mit uns anzuknüpfen, doch wurde nichts daraus. Daß Keil umgekehrt erzählt, als wäre der Antrag von uns ausgegangen und von ihnen abgewiesen worden, ist so ganz in seiner Weise. Im Wintersemester 26/27 schreckte uns die Verhängung einer allgemeinen Untersuchung wegen der Verbindungen wahrscheinlich in Folge der Wiederconstituirung der Burschenschaft Ende 1826. Damals habe ich als Secretär sogar die Seniorenconventsprotocolle, die in unsrer Hand waren, verbrennen müssen. Die Sache war anfangs April, wo ich Jena verließ, noch nicht beendigt, und der Pedell gratulirte mir bei Uebergabe der testim. morum, daß ich noch so davon käme."

Aus brieflichen Nachrichten gehören folgende Einzelheiten in diese Zeit. „Nach Ostern 1827 waren 20 und gegen Ende des Semesters 27 beim Corps (incl. Renoncen). In diesem Sommer trat eine Spannung zwischen der Thuringia und Frankonia ein, weil wir in einer Sache der Franken und Teutonen den letzteren die Stange gehalten haben sollten. Diese Spannung war andauernd, während wir mit den Sachsen gut, mit den Teutonen aber auf freundschaftlichstem Fuße standen. Im Winter 1827 war die Th. sehr zusammengeschmolzen, die Aussichten trübe. Indessen erhielten wir schon Ostern 1828 ungefähr 13 neue von andern Universitäten, und im Juli heißt es in einem Briefe: „Fast alle Tage meldet sich Einer zum Corps." Indessen hatte der Umstand, daß Zeisig das Seniorat niederlegte, eine reducirende Wirkung auf's Corps. Besonders beklagt sich ein Brief, daß man damals nur Pauken und nichts Anderes zu Zweck und Hauptsache gemacht habe. Klein, den Löbe „vielleicht den tüchtigsten nennt, der je an der Spitze der Th. gestanden", schreibt einem Freunde aus dem Philisterio zurück: „Wenn das Pauksystem zur Hauptsache gemacht und nicht vielmehr innere Einigkeit und Tüchtigkeit erstrebt wird, so kann eine Corpsverbindung nie gedeihen."

Die gegenseitige Spannung unter den Corps hatte im Winter 1827/28 einen hohen Grad erreicht, als einst auf einem Wochencommerse im Commershause der Franken die Corps in nichts

weniger als gemüthlicher Eintracht beisammen saßen und die
Erbitterung jeden Moment mit einer Eruption drohte. Da stimmte
plötzlich in einer humoristischen Anwandlung ein Student das Lied
an: „Wir sitzen so fröhlich beisammen" — anfangs gegenseitige
Verlegenheit, dann Einfallen der Stimmen eine um die andre —
aus dem Spotte des Einzelnen wird allgemeiner Ernst und endlich
löst sich die ganze Versammlung in die herzlichste Gemüthlichkeit
auf, und alle alten Anfeindungen sind zu Grabe gesungen.

Beliebte Paukplätze waren die bekannten Bierdörfer, das von
jeher mit Blut getränkte Rauhthal, die Löbstedter Wiesen, die
Triesnitz; im Winter die Wucherei, Netzei, Mäderei, in welchen
Häusern gewöhnlich an Markttagen Mensuren waren, damit der
Marktlärm das Klirren des Stahls und das donnernde Halt! der
Secundanten übertöne.

1829 wurde von Sachsen, Franken und Vandalen (die Letzteren
hatten sich unter dem Namen „Constantisten" von der allgemeinen
Burschenschaft abgezweigt und sich später als „Vandalen" dem
S. C. angeschlossen, bestanden jedoch gleich den Teutonen nur
einige Jahre. Sie trugen die Farben blau-roth-gold, die Teutonen
schwarz-roth-gold-grün) über die Thuringia und Teutonia ein
halbjähriger Verruf verhängt und von dem hallischen und leipziger
S. C. bestätigt. Das Corps Teutonia löste sich 1830 aus Mangel
einer Pflanzschule, freiwillig auf. Seit 1825 bestand zwischen der
Thuringia und den Neo-Borussen in Leipzig ein Cartell, dies
wurde aber 1831/32 aufgelöst, weil sich (wie Faselius meint)
einige Neo-Borussen bei einer p. p. Suite der Thüringer mit den
hallenser und leipziger Sachsen nicht aufrichtig und treu benommen
haben sollen.

Die nun den stubentischen Verbindungen nahende Katastrophe
1833 scheint uns außer mehren andern Zufälligkeiten, wovon gleich
die Rede sein wird, vor Allem durch die Haltung und das Treiben
der Burschenschafter herbeigeführt worden zu sein. Diese hatten
sich in Germanen und Arminen geschieden und, aufgeregt durch die
Vorgänge der Julirevolution 1830, mehr denn je wieder in
Politikmacherei eingelassen. Ja sie hatten sich nicht nur seit der

Errichtung des Preßvereins theilweise an der deutschen democratischen Presse betheiligt, sondern die allgemeine Burschenschaft war ein geradezu ausgesprochen **politischer** Bund,*) und als solcher ein Complice des bekannten Frankfurter Attentats geworden. Dies Alles mußte die Regierung zu abermaligen Maßregeln herausfordern, und in Bezug auf die Corps hieß es: Mitgefangen, mitgehangen. Zu den Zufälligkeiten, die die Auflösung der Verbindungen herbeiführen halfen, und die Aufmerksamkeit der Behörden weckten, gehört der sogen. Blankenhainer Zug im Juli 1830. Einige Burschenschafter hatten auf dem dortigen Vogelschießen in altdeutscher Tracht getanzt und waren von den Bürgern mit Gewalt aus der Stadt entfernt worden. Sie holten Succurs und kehrten mit ca. 350 Studenten zurück. Die erschreckten Blankenhainer verrammeln Thür und Thor, eine Deputation, deren Sprecher ein altes Landsmannschaftsband trug, empfing demüthig den Zug; der Senior der Thuringia Lippmann befahl ihr, nach dem Schießhause zu folgen. Das Ende war, daß der Vortänzer Brod schriftlich und demüthig deprecirte, ein Gensdarm bestraft wurde, und die Studenten den übrigen Tag mit den Blankenhainern und deren Töchtern in gemüthlichem Verkehr verlebten.

Der für unsere Thuringia aber entscheidende Vorfall**) war eine vom Senate begangne Unbesonnenheit, wie sie in den letzten Jahren öfter dagewesen waren, indem er bei gewissen Anlässen Maßregeln über die Studentenschaft verhängte, deren Strenge in keinem Verhältniß zur disciplinarischen Schuld der Studenten stand.

---

*) Von der Thur. wurden auf Corpsbeschluß (der erste vom Juni 1832) einige **Zeitungen** auf der Corpskneipe gehalten, z. B. Dorfzeitung, Frankfurter. Vergl. Affaire Dahlmann 1840.

**) Die letzte Seite des bis dahin geführten Protocolls enthält:

Rothe (Renonce)	gemaßregelt,
Stieler***	gemaßregelt,
v. Davier	gemaßregelt,
Paulli	relegirt,
Oelke	gemaßregelt,
Herzog	gemaßregelt.

3*

So war schon 1822 den Studenten das Singen auf der Straße verboten worden. Der Unwille darüber, daß wieder ein Stück akademischer Freiheit zu Grabe gehe, hatte damals zu Excessen und endlich zum allgemeinen Auszug der Studenten nach Kahla geführt. Die Weimarische Regierung, und vor Allen Karl August selbst mußte endlich dem verlegenen Senate aus der Tinte helfen, wie das denn auch in der 1833 eintretenden Katastrophe geschah, an deren Darstellung wir hiermit angelangt sind. Wir haben keinen Grund, am folgenden Berichte Augustin Regenspurger's auch nur ein Wort zu bezweifeln, darum mag dieser Berichterstatter das Wort nehmen, wie folgt:

„Im zweiten Semester des Jahres 1832 hatte die Thuringia einen Senior, der leider seiner Aufgabe nicht im mindesten gewachsen war. Durch die Fehler dieses Seniors verloren die Thüringer ihre Kneipe auf dem Geleitshause. Ohne inneren Halt, ohne Einheit war die Thuringia wie ein weiserloser Bienenschwarm. Wir kneipten bald da bald dort; am meisten aber auf dem Stadt= hause und verbrüderten uns daselbst mit den Germanen, dem eigentlichen Kerne der Burschenschaft, welche uns durch ihre anständige und noble Haltung imponirte und Achtung einflößte. So kam das Ende des Jahres 1832/33 heran. Da geschah es, daß von Seiten des Senats den Studenten die sonst gewöhnliche Feier der Sylvesternacht auf dem Markte untersagt wurde. Aber gerade deswegen wurde diese Feier desto solenner gehalten, und dabei arger Unfug getrieben. Es wurden unter Anderm von den Häusern auf dem Markte die Läden abgehoben und in's Feuer geworfen. Bei dieser Ungesetzlichkeit sind die Thüringer nicht betheiligt gewesen. In Folge dieses Scandals wurden sieben Studenten von den Germanen relegirt. Die Pedelle sollen in dem leeren Brunnen gesteckt haben, der damals neben dem großen Markt= brunnen nach der Netzei zu stand. Diese sieben Studenten glaubten ihr alibi beweisen zu können, und Bürger, in deren Gesellschaft selbige die Sylvesternacht zugebracht hatten, erboten sich beim Universitätsgericht zu Zeugen. Von Seiten des Senats wurden diese Zeugen nicht vernommen, und man berief sich einfach auf den

Dienfteib der Pedelle. Es blieb alfo bei der Relegation. Die relegirten Studenten wandten sich beshalb an den Hofadvocat Hase in Weimar, und der Proceß beginnt von neuem. In Folge dieses Processes sieht sich der Senat genöthigt, das Relegat zurück=zunehmen; und damit war's um das Ansehen desselben geschehen. Mit ungeheuerer Demonstration wurden die sieben Studenten von der ganzen Studentenschaft feierlichst eingeholt, und selbige hielten in Jena ihren Einzug, stolz und siegestrunken wie ein Feldherr nach gewonnener Schlacht. Die natürliche Folge des Ausgangs jenes Processes war: die Studenten verlangten Absetzung der nach der Ansicht der Studenten meineidigen Pedelle. Selbige wurde wiederholt verweigert. Da suchten die Studenten sich selbst Recht zu verschaffen, und eine Zeitlang durfte sich kein Pedell ohne Gefahr für sein Leben blicken lassen. Des Nachts wurde tumultuirt, und die Fensterscheiben in der Wohnung der Pedelle wurden regelmäßig eingeschlagen. Bis hierher war die Thuringia bei diesem Tumulte nicht betheiligt; dieser ging meist von der Ger= mania aus. In Zeiten der Aufregung erhitzen sich gegenseitig die Gemüther, und nichts steckt unter jungen Leuten leichter an als leidenschaftliches Tumultuiren wegen verletzten Rechtsgefühls. Die Thüringer standen, wie bereits berichtet, zu den Germanen in einer Art von Verhältniß; sie kneipten in der Regel zusammen auf dem Stadthause, was war natürlicher, als daß die Thuringia in diesen Strudel mit hinein gewickelt wurde? Auf die Dauer würde vielleicht auch ohne das berührte Verhältniß mit der Germania es doch nicht möglich gewesen sein, daß die Thüringer bei dieser ganzen Angelegenheit sich nicht betheiligt hätten, denn das verletzte Rechtsgefühl hatte die ganze Studentenschaft aufgeregt und ergriffen. — Da der Universitätsamtmann von Gohren seine Pedelle den Forderungen der Studenten gegenüber in Schutz nahm, so wandte sich nun der ganze Groll der Studenten gegen den Amtmann und die Pedelle hatten vorläufig vor den Studenten Ruhe. Allgemeine Studentenversammlungen wurden auf der Rasenmühle gehalten und dabei beschlossen, die Absetzung des Universitätsamtmanns von Gohren möglichst zu bewirken. Deputationen gehen zu diesem

Zwecke ab an den Curator der Universität von Ziegesar, ohne auch von dieser Seite etwas anderes als allgemeine Vertröstungen und Ermahnungen zur Ordnung und Warnungen vor Rechts= widrigkeiten erhalten zu können. Von nun an wurde Lynchjustiz geübt, wenigstens 14 Nächte hindurch wurden bei Gohren die Fenster eingeworfen und arger Unfug getrieben. Sprach der Senat auch wegen nächtlichen Tumultuirens ein Relegat aus, es wurde von Seiten der Relegirten nicht respectirt. Die Relegirten blieben in Jena und trieben ärgern Unfug als zuvor. Das Gartenhaus des Amtmanns von Gohren, welches in einem Gäßchen steht, das nach dem Paradiese führt, wurde demolirt, die Laternen in ganz Jena in einer Nacht zerschlagen. Da kam der 21. Jan. des Jahres 1833 heran, und als es Mitternacht 12 Uhr schlug, war eine große Menge Studenten auf dem Kreuze vor dem Hause des Amtmanns zu einem entscheidenden Schlage versammelt. Von einem in der Nähe befindlichen Bauplatze waren Baustämme herbeigeschafft worden, und damit wurde die Hausthüre gesprengt. Relegirte Studenten (unter andern der Franke Motz und der Germane Quentin) drangen in die gesprengte Hausthüre ein und riefen (wie Schweizer in den Räubern) ihren Genossen zu: Wir bringen Euch den Amtmann todt oder lebendig! Die Außen= stehenden tumultuirten wie gewöhnlich, warfen die Fenster z. B. mit gefüllten Tintenflaschen ein, und zertrümmerten vom Hause, was eben zerstört werden konnte. Da fiel ein scharfer Schuß nach dem Fenster. Wer die Pistole abgefeuert, weiß ich heute noch nicht. Das aber wußte ich schon damals, daß dieser Schuß einen großen Wiederhall finden und von jahrelangen unheilvollen Folgen für die ganze Universität sein müßte. Der Universitätsamtmann war, nur mit dem Hemde angethan, durch ein Fenster auf dem Gange in ein Nachbarhaus geflüchtet, und hatte somit die einge- drungenen Studenten vor einem Verbrechen bewahrt. — Was nun geschehen mußte, geschah. Das Militär rückte ein, um Ruhe und Ordnung wieder herzustellen, dem Senate sein tief gesunkenes Ansehen wieder zu verschaffen, namentlich die relegirten Studenten einzufangen und abzuliefern. Daß es so weit kommen konnte,

war (dies ist noch nach 25 Jahren meine vollste Ueberzeugung)
lediglich Schuld des Senats. Er durfte den ganzen Handel nicht
so groß werden lassen. Er hätte durch Annahme der Zeugen aus
dem Bürgerstande die ganze Angelegenheit erledigen können;
jedenfalls hätte er das Rechtsgefühl der Studenten nicht so schwer
verletzen dürfen. Die Studenten haben ihre Fehler schwer gebüßt.
Aber auch die ganze Universität hat durch die Maßregeln des
Senats schwer gelitten. Zu meiner Zeit waren über 700 Studenten
in Jena. Bis zu dieser Höhe ist seit nunmehr 25 Jahren die
Anzahl der Studenten nie wieder gestiegen. — Also eine Abtheilung
Militär, 600 Mann stark, rückten in Jena ein, wurde aber von Seiten
der Studenten und Bürger (denn auch ein großer Theil der letztern
waren in den Strudel der allgemeinen Aufregung mit hineingezogen
worden) verhöhnt und beschimpft. Der Commandant Major von
Germar ließ Alles über sich ergehen und bezog als Hauptwache
das Universitätsgebäude. Zunächst wurden die relegirten Studenten,
die nach dem Einmarsch des Militärs Jena verlassen hatten und
auf umliegenden Dörfern in Lichtenhain und Maua kneipten, durch
Nachtpatrouillen eingefangen und in's Carcer oder in's Criminal
nach Weimar abgeliefert, sodann zur weitern Untersuchung geschritten.
Inzwischen ereignete sich ein Vorfall, welcher von den traurigsten
Folgen hätte sein können und sehr leicht ein gräuliches Blut-
vergießen herbeigeführt hätte, wenn nicht der Major von Germar
edelmüthig sogar sein militärisches Ansehen geopfert hätte, um seine
Mission ohne Gebrauch der Waffe zu erfüllen. Deshalb vornemlich
bekam er später vom Senat einen Ehrendegen mit der Inschrift:
cunctando restituit rem. Ueber den verhängnißvollen Vorfall
schalten wir hier den Bericht Louis Walthers ein:

Heinrich Breymann, mit einigen Bekannten von Lichtenhain
kommend, begegnete des Nachts zwischen 10—11 Uhr in der
Vorstadt (nach Kahla zu) einigen Soldaten, damals von den
Studenten wegen ihrer Uniform Laubfrösche genannt. Von den
Soldaten, die den Studenten entgegenkamen, wichen die ersten den-
selben aus; von den nachfolgenden sagte aber einer zu den Vormännern:
„Wie kannst Du nur solchen Schweinehunden ausweichen!“

Die Studenten griffen sofort die Soldaten an und es kam zur Keilerei. Der Soldat aber, mit dem es Breymann zu thun hatte, zog dabei seinen Säbel und hieb Breymann damit durch die Mütze, den Mützenbund und das Schild, und brachte ihm eine tiefe Wunde in den Kopf bei. Breymann riß diesem Soldaten den Tschacko vom Kopfe und damit eilten er und die andern Studenten auf die Hauptwache in das Collegiengebäude, den Tschacko dort abgebend, damit der Thäter leichter ermittelt werde, auf dessen strengste Bestrafung die Studenten dabei antrugen. Wahrscheinlich wurden ihnen aber auf der Hauptwache nicht die gewünschten Zusicherungen deshalb gemacht; denn Breymann begab sich mit den andern Studenten auf den Burgkeller, stieg da auf einen Tisch, erzählte den Vorfall und zeigte sein klaffend blutiges Haupt. Da entstand ein indianisches Kriegsgeschrei, der Burg= keller spie die empörten Studenten in die Straßen aus und durch alle Straßen Jena's erscholl der Ruf:

„Bursche raus, zu den Waffen!!!"

Was vorgefallen und was der Zweck des Aufrufs sei, ward den Fragenden mit wenigen Worten mitgetheilt und so eilte jeder Student, mit einem Schläger, Hau= oder Stoßrapier oder einem Stock bewaffnet und die Mütze auf dem Kopfe mit dem Schnupf= tuch festgebunden, auf den Markt. In wenig Augenblicken waren die Studenten versammelt und es wurde sofort beschlossen, vor das Collegiengebäude zu rücken und dieses zu stürmen. Gesagt, gethan! Der ganze Haufe wälzte sich in die Collegiengasse. Auf dem Wege dahin, wurden den Soldaten, die auch dahin eilten, die Gewehre theils abgenommen, theils auf dem Pflaster zerschlagen, zum wenigsten wurden aber die Soldaten zurückgetrieben. Als wir vor dem Collegiengebäude angekommen, war im Thore die Wache 3 Mann hoch mit gefälltem Bajonet aufgestellt. In den benach= barten Häusern hatten sich die Philister mit Steinen und andern Wurfgeschossen zum Straßenkampf an die Fenster und an die Bodenlöcher postirt und jeder fühlte nun, daß jetzt der Augenblick gekommen sei, der zu einem sehr blutigen Zusammenstoß der Studenten und Bürger mit dem Militär führen werde; denn die

Soldaten führten scharfe Patronen bei sich und die Studenten, vorzüglich Thüringer und Germanen, waren in höchster Aufregung. Die ganze Collegiengasse war gedrängt voll von Studenten und Bürgern, alles drängte nach dem Thore des Collegiengebäudes zu und schon begannen die Studenten, gedrängt von den Hinterstehen= den, auf die Soldaten einzuhauen und zu stechen, wogegen sich natürlich die Soldaten mit ihren Bajoneten wehrten und mancher Soldat und Student kleine Stichwunden davon trug. Da kamen im rechten Augenblick der Hauptmann von Germar, der Universitäts= procurator und der ganze Senat.

Die Studenten (darunter vorzüglich Oelze und Redlich) ver= langten exemplarische Bestrafung des Soldaten, welcher Breymann verwundet hatte, und sofortige Räumung der Stadt, widrigenfalls die Studenten sich selbst Recht verschaffen würden. Nach heftigem Debattiren wurde Ersteres zugesichert; der Hauptmann von Germar, der doch mit hinreichender Macht versehen war den Aufruhr mit Waffengewalt zu unterdrücken, benahm sich bewunderungswürdig ruhig, nahm mit Gleichmuth die größten Beleidigungen hin und gab schriftlich sein Ehrenwort, was des andern Tages am schwarzen Bret angeschlagen wurde, daß jener Soldat streng bestraft werden solle. So wurden die Studenten besonders durch einige Senats= mitglieder allmählich beschwichtigt, so daß nach und nach alle ruhig in die Kneipen oder nach Hause gingen.

Das nächtliche Aufheben der auf den Dörfern wohnenden relegirten Studenten und solcher, die zwar in der Stadt wohnten, aber dem Senat vorzugsweise als gefährlich galten, wurde in den nächsten Tagen auf brutale Weise vom Militär fortgesetzt.

Diese Handlungsweise, die der am schwarzen Bret angeschla= genen Proclamation des Senats gerade zuwider lief, nach welcher die persönliche Freiheit der Studenten garantirt war, diese Handlungsweise, sowie die Nachricht, die sich kurz nach dieser Nacht verbreitete, daß der Soldat, welcher Breymann verwundet hatte, nicht nur gar nicht bestraft, sondern sogar belobt worden sei, empörte die Studenten im höchsten Grade und man kam allgemein zu der Ansicht, daß die Studentenschaft unter solchen Verhältnissen

Jena verlassen müsse. Deshalb wurde einige Tage nach dieser Affaire auf der Rasenmühle eine große Studentenversammlung gehalten, wozu sämmtliche Studenten sich auf dem Markt versammelten und im großen Zuge nach der Rasenmühle begaben. Dort wurden mancherlei Reden wegen eines allgemeinen Wegzugs gehalten z. B. von unserm Oeltze und noch einigen Germanen; allein bei der großen Menge Landeskinder, als: Altenburger, Meininger, Hildburghäuser, Coburger, Gothaner und Weimaraner, die wegen ihrer zukünftigen Existenz in Jena bleiben zu müssen erklärten, fiel die Abstimmung über den Auszug sehr schlecht aus, denn es war nur ein kleiner Theil, welcher für den Auszug stimmen konnte; deshalb verließen des andern Tages gegen 200 Studenten Jena freiwillig! .

Der Senat räumte nun mit Wohlbehagen unter den noch verbleibenden Studenten auf und entfernte die ihm gefährlich scheinenden Subjecte — um wieder ruhig schlafen zu können.

Es war eine schwere Zeit. Kein Colleg wurde besucht. Hier und da wurden Nachts die Opfer vom Militär geholt, am Tage Studentenstuben versiegelt. Von den Thüringern allein wurden in einem Tage am 20. Februar 1833 22 fortgeschickt, nicht etwa nach gepflogener Untersuchung und Feststellung der Schuld, sondern nach einem summarischen Verfahren. Das Gericht sagte nur allgemein: „Wir halten es für vortheilhaft für die Universität, wenn Sie nicht mehr da sind." Es war dies das sogenannte jenaische Maßregeln ohne Angabe des Grundes, nicht das eigentliche Relegat, welches man den Studenten gegenüber anwendete. Aus den Maßregeln des Senats sah man nur zu deutlich, daß es beschlossene Sache war, die Thuringia und Germania, beide von Grund aus zu exstirpiren. Das Loos des Relegats traf sogar Studenten, welche erst im Begriff waren, zu unserer Verbindung zu treten, und deswegen die Thüringer = Mütze ein paar Tage getragen hatten, aber noch nicht einmal Renoncen waren. Nur zwei Thüringer Corpsburschen und eine Renonce blieben merkwürdiger Weise vom Relegat verschont. Es waren dies: Aug. Regensburger aus Rudolstadt, der doch schon lange, wie es dem

Universitätsgerichte bekannt sein mußte, Secretär der Verbindung war, Heinr. Breymann aus Bernburg und Louis Walther aus Rudolstadt. Bei Breymann war doch noch der Grund ausfindig zu machen, daß er 50 Thlr. Honorar dem Hofrath Schulze schuldig war. Breymann war der festen Ueberzeugung, daß, wenn er die 50 Thlr. Honorar heute zahle, er sicher morgen relegirt sein werde. Weshalb aber das Gericht mit Regenspurger und Walther eine Ausnahme machte, ist nicht bekannt worden. Somit erstarb die Thuringia am 22. Febr. 1833 eines gewaltsamen Todes. Bei der Auflösung übernahmen die letzten vier Corpsburschen: Aug. Oelze, Herzog, Regenspurger und Breymann die vorhandenen Corpsschulden und vertheilten dagegen vorläufig unter sich das Eigenthum der Thuringia.

Einige Duelle mit Corpsburschen waren Veranlassung, weshalb der Rest der Thüringer auf Sachsenwaffen sich schlug und deshalb fortan mit den Sachsen auf der Oelmühle kneipte. So verfloß das Semester. Breymann und Walther kneipten mit den Sachsen und Regenspurger arbeitete an seinem Examen. Selbiger ging Michaelis 1833 von der Universität ab, und für das Wiederauf= leben der Verbindung war auch nicht die geringste Aussicht. Nachdem derselbe sein Examen bestanden und im Philisterio zunächst keine Beschäftigung gefunden hatte, reiste derselbe wieder nach Jena und besuchte daselbst eine ihm bekannte Dame Julie v. Hellfeld, eine Tante des relegirten letzten Seniors Oelze, weil selbige ehemaliges Eigenthum der Verbindung (unter anderm die gestickte Decke, welche bei der Reception gebraucht wurde) in Verwahrung hatte. Selbige Dame (gestorben im Jahre 1856)*) war von dem traurigen Schicksale der Verbindung tief bewegt und erbot sich freiwillig, weil Regenspurger den Wunsch aussprach, noch einige Semester in Jena verbleiben zu können, gegen später zu leistende Restitution die Kosten für weitern Aufenthalt desselben in Jena zu bestreiten, weil die Verhältnisse desselben nicht von der Art waren, daß er seinen Eltern diese Zumuthung, ihn nach

---

*) Ein Immortellenkranz auf ihr Grab!

bestandenem Examen von neuem auf der Universität zu erhalten, hätte stellen können.

Durch diesen Antrag hat also Julie von Hellfeld die todte Thuringia zu neuem und wie wir 1848 und 1858 gesehen haben, zu herrlichem Leben erweckt und ist somit eigentlich die zweite Stifterin der Thuringia geworden.

Der Vorschlag wurde · von Regensburger angenommen. Die Dame zahlte vorschußweise für das nächste Semester etwas über 100 Thlr. aus, (welche Summe später von Regensburger zurück gezahlt wurde). Nun war Regensburger wieder stud. philol. Es verging fast die Hälfte des Semesters, ehe die Verhältnisse so weit günstig waren, daß zur Ausführung des beabsichtigten Planes geschritten werden konnte. Breymann kneipte mit den Sachsen und war nahe daran, zu dem Corps zu treten. Da besucht ihn früh Morgens (da selbiger noch im Bette lag) Regensburger und theilt ihm den Plan, die Thuringia wieder aufzuthun, mit. Breymann, eingedenk seiner den Sachsen gegenüber eingegangenen Verbindlich= keiten, zögert auf den Plan einzugehen; aber Regensburger ruft ihm seine Pflichten gegen die Verbindung in's Gedächtniß, und mit einem Sprunge aus dem Bette, spricht Br.: Die Thuringia ruft, ich komme!

Der erste Corpsconvent trat zur Wiederbegründung des Corps am 1. Dec. 1833 zusammen. „Mit blutendem Herzen, heißt es unter diesem Datum in unsern Protocollen, sahen wir alle unsre Brüder der Heimath zueilen, bis auch die letzte Stütze gebrochen war und der Bund auf immer vernichtet schien. Da unternahmen — noch am Schluße des Jahres — es mehrere Gleichgesinnte, und zu ihrem Ruhme sei es gesagt, Schwarz= burger,*) dem alten Bunde, gegen den sich widriges Geschick und Staatsgewalt verschworen zu haben schienen, eine neue Existenz zu sichern u. s. f."

Von den alten Corpsbrüdern waren noch 2 in Jena, Regensburger aus Rudolstadt und Breymann aus Bernburg.

---

*) Den Ruhm haben die Schwarzburger sich bis heute bewahrt.

Dazu wurden Louis Walther, Hönniger und Oscar Walther, alle aus Rudolstadt, recipirt und die Chargen besetzt, wie folgt:

Regenspurger ***,

Breymann **,

L. Walther *.

Als Renoncen meldeten sich Th. Hopfe, und W. Meurer aus Blankenburg, und Alb. Gülfe aus Remda, so daß das Corps mit 5 Burschen und 3 Renoncen dem S. C. seine Wiedergeburt anzeigen konnte. Die erste Aufgabe mußte es sein, seine Alters= rechte beim S. C. gesichert zu sehen. Diese wurden aber wider Erwarten dem Corps streitig gemacht, weshalb es an die S. C. von Leipzig und Halle appellirte. Regenspurger, bevor er sein Seniorat, durch seine Verhältnisse genöthigt, niederlegte und um seine Entlassung bat, sowie Breymann, wurden in dieser Sache nach beiden Universitäten geschickt. Nach ihrer Rückkehr statteten sie am 11. Dec. Bericht ab. Der S. C. zu Leipzig hatte sich der Entscheidung enthalten, obwol er zugegeben, daß das Alter wesentlich zu den Rechten einer Verbindung gehöre. Der S. C. zu Halle dagegen entschied sich geradezu dahin, daß das Alter das oberste aller Rechte sei und uns durch keinerlei Schliche bestritten werden könne. Die Deutung des entsprechenden §. von Seiten der (Jenenser) Sachsen und Franken sei eine erkünstelte. Unser Altersrecht war behauptet, aber noch nicht anerkannt in Jena. Dies zu bewirken, war Sache des Schlägers, den wir von jetzt an gehörig handhaben mußten. Vor allen stürzten sich die Sachsen auf uns, die darüber ergrimmt waren, daß ihnen der Rest der Thüringer, sowie mehrere Schwarzburger, die sonst alle zu ihnen getreten wären, auf diese Weise entgangen war.

Mittlerweile trat Regensburger zwar aus, blieb jedoch dem Corps mit Rath und That beiständig, sowie er denn auch in Verein mit Hönniger die neue Renoncen-Constitution ausarbeitete. Sie wurde am 16. Jan. 1834 genehmigt. Als in Folge von Präsidialconflicten, die mit jener Altersfrage zusammenhingen, die Franken und Sachsen nicht in den von uns berufenen S. C. kommen wollten, wurden sie in den Verruf erklärt und dies nach

Halle und Leipzig gemeldet. Die dortigen S. C. erkannten jedoch den Berruf nicht an. In Folge dessen hoben wir den von Franken und Sachsen über die Arminia am 30. Aug. 1833 verhängten infamen Berruf auf. Darauf hin traten wir in Unterhandlung mit ihr, wegen Anknüpfung eines Verhältnisses.

Die Corpskneipe wurde wegen unhöflichen Betragens des Geleitshauswirthes auf die Tanne verlegt.

Als am 25. Juni 1834 die Frankonia nahe daran war, sich auflösen zu müssen, die Arminen aber immer noch keine bestimmte Entscheidung gegeben hatten, beschlossen wir, wegen eines einzugehenden Verhältnisses mit den Franken zu reden. Diese verlangten Revocation und Deprecation des Geschehenen, was wir verweigerten. Sie scheinen aber nachgegeben zu haben, denn am 1. Aug kam laut Protocoll das Verhältniß zu stande. Die Aeußerung eines nach Heidelberg gegangenen Stub. Hille bei den Hanseaten, daß er bei der Thuringia Mitglied gewesen, was nicht wahr war, verwickelte uns um diese Zeit in einen Federkrieg mit dem Heidelb. S. C., der mit einer p. p. Forderung der Hanseaten endigte. Sie sollte in Würzburg zum Austrag kommen, aber wegen der damaligen Schwierigkeiten, die in der Entfernung der Orte u. A. lagen, wurde auf Wunsch der Hanseaten die Sache auf eine, beide Theile befriedigende Weise, beigelegt.

Es mußte längst der Wunsch im Corps rege sein, als Verbindung vom Senate sanctionirt zu werden. Man beauftragte daher (5. Juni 1836) Schwabe, die Constitution dem Prorector privatim vorzulegen. Dieser antwortete, daß die Statuten denen einer Landsmannschaft zu sehr glichen, als daß er rathen könne, sie dem Senat vorzulegen. Auch sei der Name Thuringia von jeher „ein viel zu ominöser und gefürchteter."

Von Seiten der Thuringia scheint kein Schritt wegen der Sanctionirung weiter gethan zu sein, dagegen ging plötzlich (ob durch jenen Prorector veranlaßt?) der Senat gegen unser Corps mit so scharfen Maßregeln vor, daß jedes Vergehen von nur einiger Bedeutung als Anlaß willkommen war, unsere Mitglieder zu decimiren und so zur Auflösung zu zwingen. Dazu kam, daß um diese Zeit einige Füchse wegen Untauglichkeit zu entlassen waren. Der Senat scheint also auch nach Wiedereröffnung des Bundes denselben nicht aus den Augen gelassen und seine Maß= regelungen, die besonders unsere tüchtigen Senioren trafen, fort= gesetzt zu haben.

Die Thuringia kann aber auch auf diesen Zeitraum mit Stolz und Befriedigung zurücksehen, sie hat Vor= und Umsicht bewiesen, indem sie eine ehrenvolle Existenz trotz des scharfen officiösen Ver= botes zu behaupten wußte; Ansehen und Anerkennung beim ein= heimischen, wie bei den auswärtigen S. C. errungen, indem sie aus den oben mitgetheilten Conflicten stets als Sieger hervorging; ja, es wäre leicht, aus weiterem Detail nachzuweisen, daß sie in dieser Zeit unter allen bestehenden Verbindungen in Jena die dominirende gewesen, so daß sie sogar dem Senate die Be= zeichnung einer „gefürchteten" abzwang. Die Sistirung des Bundes wurde im C. C. am 16. Jan. 1836 beschlossen. Am 30. August deßf. Jahres waren noch 4 alte Corpsbrüder, v. Wolffskeel, Traberth, Schellhaß, Kiefer in Jena und von diesen wurde das Corps am genannten Tage wieder aufgethan mit den Chargen:

v. Wolffskeel **●,

Traberth**,

Kiefer*.

Recipirt wurden am andern Tage Görz, Vater, Hennings, Acker= mann, Münzel, Gerlach. Kneipe war der Fürstenkeller, dessen Wirth jedoch auf der Bedingung bestand, daß nicht höher als bis zu 3 Thaler und zwar auf eine Frist von 8 Tagen, gepumpt werde! Die Niedrigkeit dieser Summe erklärt sich aus der fabel= haften Billigkeit der damaligen Verhältnisse, worüber sowol schon des biedern Felix Schnabel Lebensbeschreibung, als auch gleichzeitige Briefe von auswärtigen Studenten, die Jena besuchten, ihrem Erstaunen Worte leihen.

Ein Satisfactionsverhältniß der Thuringia und Frankonia mit dem Burgkeller zerschlug sich an der zum mindesten unbescheidenen Forderung des Letzteren, daß das Schiedsgericht aus 3 vom Burg= keller, 1 Thüringer und 1 Franken zusammengesetzt sein solle.

Am 21. Dec. wurde von uns wie von den Franken abermals eine Sanctionirung der Statuten beim Senat zu versuchen beschlossen. Der Prorector, abermals wie oben privatim befragt, droht sofort mit Untersuchung, wenn die Verbindungen sich äußerlich als solche geriren würden. Aber die Aufmerksamkeit des Senats war sofort wieder rege geworden. Das „leichtsinnige Versäumen der Collegia und der auffallende Besuch der Rose", dessen sich einige von uns schuldig machten, mußten als Vorwand dienen, unser Corps nicht mehr ominös und gefürchtet, sondern mit einer gewissen Offenherzigkeit geradezu das lüderlichste zu nennen, in ihm die „Urheberin alles gesetzwidrigen Lebens" in Jena zu sehen und mit Consil zu drohen. Bei einigen Mitgliedern scheint die Drohung eine begründete gewesen zu sein, denn R. erhielt im C. C. die eindringlichste Mahnung, um des Corps willen solider zu werden und das Kneipen auf der Rose zu unterlassen! Mit diesen Verhältnissen hing es zusammen, daß Görtz sein ruhmvoll geführtes Seniorat niederlegen, Meinhardt Jena von Amtswegen verlassen mußte. Kurze Zeit darauf wurden v. Wolffskeel *** und Castagne ** vom Senate gemaßregelt und Jena zu verlassen ebenfalls genöthigt. Die Hand des Verhängnisses lag abermals schwer auf uns und leider ergeben die Protocolle, daß einige Mitglieder die Gefahr der Lage in allzugroßem Leichtsinn nicht bemerken wollten, indem sie wegen wiederholter C. C. Versäumniß und Rückfalles in öffentliche Scandalmacherei verschärfte Verweise erhalten mußten. Was wir zur Beherzigung für spätere Generationen ehrlich anzuführen nicht unterlassen haben wollen!

Auch Ackermann war genöthigt, aus dem Corps zu treten, ward aber als Ehrenmitglied desselben aufgenommen.

Bevor wir diese Lage verlassen, sind aus denselben 2 wichtige Beschlüsse nachzutragen. Görtz machte am 8. Febr. 1837 den Vorschlag, Renoncenconvente einzurichten, zur Förderung des Corpsgeistes, welche Convente abwechselnd von einem Corpsburschen geleitet werden sollten. — Auch wurde die (seit wann? ist nicht mehr erfindbar) aufgegebene Sitte, den Chargirten 2 Repräsentanten an die Seite zu stellen, in demselben C. C. wieder angenommen

weil die Chargen in diesen Tagen mit Geschäften geradezu über=
bürdet waren. Wichtiger aber ist Görtz's Vorschlag, unter den
obwaltenden precären Umständen den Stoßcomment abzuschaffen
und die Hiebwaffen als commentmäßige einzuführen.
Diese Bestimmung sollte ausschließlich für die beiden Corps und
ihre Anhänger gelten. Etwaige Suiten auf Stoß mit einem
Finken, der auf solcher Forderung bestände, bedürften die specielle
Genehmigung des Corps. Dazu sollte um Anstellung eines Fecht=
lehrers beim Senat petitionirt werden.*) Der Antrag ging beim
S. C. durch. Auf eine Privatanfrage bei Fries, dem Vater
unsres Fr., ward die Antwort, daß der Senat längst schon den
Hiebcomment statt des Stoßes gewünscht habe.

Bei dieser Aenderung der Commentwaffe schien es nicht mehr
zu umgehen, daß man ein Cartellverhältniß mit Leipzig und Halle
suchte. Es wurden, um die dortigen Corps kennen zu lernen,
Görtz und Hennings abgeschickt. Sie berichten von höchst freund=
lichem Entgegenkommen der Sachsen in Leipzig und Borussen in
Halle. Die Einladung zu einer Zusammenkunft auf der Rudels=
burg ward durch unsern alten Corpsbruder Meinhardt, der
inzwischen Leipziger Sachse geworden, veranlaßt. Schwierigkeit
fand die Sache nur darin, daß die Sachsen in Leipzig schon mit
den Sachsen in Halle in Cartell standen, wir hingegen schon am
25. Mai 1837 das Verhältniß mit den Borussen geschlossen
hatten.

Der Burgkeller fährt inzwischen „wegen gemeinen Betragens"
gegen uns auf der Rudelsburg (in den Pfingsttagen) in infamen
Verruf. Die abermaligen Bedrängnisse der Corps von Seiten des
Senats machen den Beschluß nöthig, Papiere und Bänder unter

---

*) Einen Fechtlehrer auf Hieb gab es nicht; der academische Festsaal, auf
welchem Bauer, der letzte deutsche Stoßfechtmeister, lehrte, war so niedrig, daß
man nicht schlagen konnte. Von Bauer wird erzählt, daß bei der franz. Invasion
ein Jenenser dem franz. Fechtmeister erklärt habe, es stieße hier ein „Bauer" so
gut wie ein Franzose. Zum Beweise ward Bauer geholt und dieser schmierte
den Fechtmeister aus. Derselbe merkte jetzt den Spaß, forderte Bauer und ward
von ihm — erstochen.

Siegel zu legen und bei Brütt (?) in einstweilige Verwahrung zu geben. Die Protocolle mußten daher sistirt und später nachgetragen werden.

Am 19. Juni erschienen in der Cartellangelegenheit die 3 Chargirten der Hallenser Sachsen, um Rechtfertigung zu verlangen. Sie begnügen sich mit einer Erklärung Unzers, eines früheren Borussen in Halle, über eine Aeußerung, die ihre Bedenken erregt hatte.

Am 29. Juli 1837 kam das Cartelverhältniß mit der Saxonia in Leipzig auf der Rudelsburg zu Stande.

Zwar trug man vom 11. Aug. an die Bänder wieder, aber es traten neue Untersuchungen des Senats beim Corps ein und die Stiftungstage wurden noch immer auswärts — der diesmalige in Camburg — gefeiert, und zwar am 1. Dec. Dieser Tag galt bekanntlich seit der Wiedergründung 1833 als Stiftungstag.

Weil die von der Einführung des Hiebcomments gehofften günstigen Wirkungen auf den Senat ausblieben und besonders auch, da die Erwägung des Kostenpunctes hinzukam,*) beschloß man den Antrag auf Restitution der Stoßwaffe. Die Franken wiesen ihn jedoch im S. C. vorläufig zurück. Wolter wurde auf ⅓ Jahr um diese Zeit consiliirt und verließ Jena zum größten Bedauern des Corps, dem er ein würdiger Nachfolger Görtz's im Seniorat gewesen. Wegen der ewigen Spannung mit den Franken, die das Corpsleben schädige, tauchen Entwürfe im Schooße unsres Corps auf zum Wiederaufthun eines dritten, der seit 1836 aufgelösten Saxonia. Zu diesem Zwecke bittet Sägelken um seinen Austritt und gründet das neue Corps am 13. März 1838

---

*) Wohlfarth macht außerdem die Bemerkung, daß nach Einführung des Hiebes sich der Andrang zu den Corps sehr vermindert habe, weil auf den Schulen nur das Stoßen geübt wurde und dies der beliebtere Comment bei allen Finken blieb. Der Hieb soll damals im Ganzen keinen guten äußerlichen Anblick gewährt haben, die Schläger waren zu plump, schwer und unhandlich und die Waffenschmiede nicht geübt in ihrer Herstellung. Die ersten Studenten die W. sah, waren 2 Finken, die auf dem schneebedeckten Markte in Schlafröcken bei Mondschein in grotesken Stellungen Stoßübungen verbrachten.

mit Gröger, Müller, Häbschmann und Seyfarth. Die Reeeption in
den S. C. geschah feierlichst am 14. März 1838. Nun erst setzen
Thüringer und Sachsen in Verein die Wiedereinführung des
Stoßcomments im S. C. durch. Die Franken machen indeß
Einwendungen auf Grund geschehener Formfehler. Damit hängt
jedenfalls ihre Anstrengung zusammen, den Burgkeller wieder außer
Verruf zu setzen, was auch durch S. C. Beschluß geschah.

Am 9. Juni beschließt das Corps, das Cartell mit den Borussen
wieder aufzulösen, weil es nicht glauben könne, daß jenen der Comment
soviel gälte, um eine Garantie für ihr Handeln zubieten. Darauf
erfolgte die p. p. Forderung der Borussen.*) Werfen wir einige
Rückblicke auf diesen Zeitraum, dessen diplomatische Geschichte wir
hiermit skizzirt haben. Ein alter Herr rühmt es mit besonderer
Befriedigung der Thuringia dieser Zeit nach, daß sie auf Sitte und
Anstand nach außen hielt. Wolter war es besonders, der darin den
Weg sah, den ewig aufsäßigen Senat milder zu stimmen, und un-
nachsichtlich mit scharfen Verweisen war, einige von unverbesser-
lichem Leichtsinn sogar mit kleiner Exclusion oder Dimission strafte.**)

---

*) Der Grund, weßhalb die Borussen uns Anlaß zum Bruche gaben, war
die Meinung, daß die enge Verbindung Halle's mit Jena, dem uralten Demagogen-
neste, ihnen Verfolgungen der preuß. Regierung nachziehe und ihrem Verbindungs-
wesen hinderlich sei. Mit dieser Ansicht hatten sie sich Verletzungen des Cartell-
comments, der zwischen Jena, Halle und Leipzig bestand, zu schulden kommen
lassen. Wolter, sowie Wohlfarth, schlugen sich später noch besonders mit dem
Senior der Borussen auf Pistolen.

**) Zu der Energie seines Characters kam eine großartige Geistesgegenwart.
Wolter hatte mit einigen andern eine Spritztour nach Naumburg gemacht und
im weißen Roß logirt. Als man an die Abreise dachte, war kein Geld mehr in
den Beuteln. Ruhig befiehlt W. das Anspannen, heißt die Andern einsteigen
und ergreift selbst die Zügel. Da stürzt der Oberkellner mit einer Rechnung
heraus: „Meine Herren, Sie haben wol die Kleinigkeit abzumachen vergessen." —
Da dreht sich W. um, ruft gelassen den Wirth, der mit vielen Kratzfüßen
erscheint, und fragt: „Haben Sie diesem unverschämten Knechte aufgetragen, mich
hier öffentlich zu treten?" Verwirrt verneint es dieser. — „Ich habe es mir wol
gedacht. Schreiben Sie die heutige Kleinigkeit zu der nächsten!" Sprach's,
schnalzte dem Zeune zu und fuhr davon.

Im Trinken ward von Keinem Unmäßiges gefordert. Fries, Sohn des Professors, hatte beim Eintritt ins Corps erklärt, daß er sich im Trinken mäßig verhalten müsse. Es wurde ihm erlaubt, daß er an Kneipabenden Wasser tränke. Dies geschah den ersten allerdings, am zweiten ging er schon wie ein „Kettel" nach Hause und erhielt für diesen Mangel an Selbstbeherrschung einen Verweis. Er wurde mit seinen 2 Brüdern so classificirt: Der älteste trank nicht und ging nicht los. Der zweite trank nicht, ging aber los; der dritte, der von sich sagte: „Die Blinden in Jena kennen meinen Trittrank" und ging los. Dieser letztere, einst mit einem Sachsen auf Mensur stehend, rannte oder stieß den Secundanten des Gegners, der an seiner Seite stand und ihn genirte, während des Paukens mit der Linken so derb in die Seite, daß jener das Milzstechen bekam. Als er sich nachher zu verantworten hatte, machte er es dem Sachsen in allem Ernst plausibel, daß die Bewegung seiner Linken zu den Regeln der Fechtkunst gehört habe!

Die Corps standen mit dem Burgkeller (Arminia?) auf perennirendem Holzcomment." Diese Verbindung hatte — berichtet W. — unter seinen 80—120 Gliedern eine Anzahl von Subjecten, die durch den Verruf der Arminen vor der Mensur gesichert, und noch mehr durch die größre Anzahl, Abends, wenn wir von Lichtenhain kamen, Reibereien suchten, die zur Holzerei führten. Indeß war dies nur ein gewisser Theil der Burschen, während es auch viel Vernünftige darunter gab, die das vermieden oder vermittelten. Eine der größten Holzereien kam 1838 in Wöllnitz*) zwischen beiden Theilen vor. Die Franken hatten uns vom Geleitshause ab zu Hilfe geholt, da der Burgkeller auf der Frankenburg eingerückt sei. W. erzählt: Ich stand anfangs unschlüssig, da sah ich, wie ein unbändig großer Demagoge mit langen Haaren und bloßer Brust zwei zu Boden geworfene

---

*) Bei einer Prügelei von Studenten und Bauern in älterer Zeit lief ein Bauer auf den Kirchthurm und läutete Sturm. Ein Student lief ihm nach und warf ihn vom Thurm herunter.

schwächliche Renoncen hinten an dem Rockkragen faßte und mit ihren Schädeln hart zusammenstieß. Ich sprang vor und schlug ihn mit einem hartgefrorenen Knüttel über den bloßen Kopf. Aber seltsam! der Schädel hielt's aus! Plötzlich kroch dem großen Demagogen ein kleinerer durch die Füße, Jäde mit Namen, stieß mich vor die Brust, und so fiel ich auf das Bett der ehrsamen Burgfrau hinter mir; der kleine Demagoge auf mich. Abschütteln ließ er sich nicht, daher capitulirten wir: ich solle meinen Stock während der nächsten Viertelstunde nicht brauchen. Es war unnöthig. In den nächsten 5 Minuten waren die Demagogen die Treppe hinab geworfen und sollen unten von den Bauernburschen weiter expedirt worden sein.*)

Die Corps paukten mit einander damals gewöhnlich im Freien, ritterlich ward Wind und Sonne getheilt und nach 6 Gängen die Mensur gewechselt. Zu diesen Paukereien zog man schon Abends nach Wöllnitz, kneipte dort auf der Frankenburg und schlief auf Streu. Am frühen Morgen, wenn die ersten Strahlen der Sonne die Berggipfel rötheten und nachdem die Nachzügler aus Jena eingetroffen, zog man in die Berge. Die Dorfjugend begleitete den Zug, der gewöhnlich rechts nach den Lobedaer Abhängen hinging. Oefter wohnten auch Bauern und manch hübsches Dorfkind bei, halfen Wache stehen und gaben oft sehr treffende Urtheile über die Paukerei ab. Manchmal wurden 20 Suiten abgemacht. Im Sommer 1838 war das 9 Mann starke Corps 106 Mal los. Bisweilen sah man gleichzeitig auf der andern Seite des Thales nach Jena zu die Klingen der Demagogen in der Sonne blitzen, die dort ihren Paukplatz hatten. Es lag viel Poesie in einem solchen Morgen, dem öfter natürlich auch das tragische Element nicht fehlte. Eine kleine breieckige, erbsengroße Wunde

---

*) W. hieß die Otter, weil er, als er den ersten Besuch auf der Rose machte, vom Franken Dotter gefragt, ob er ein guter Schläger sei, sagte: „O ja, ich fasse das Dings fest und ottere nun auf den Andern los." — Dann bist Du ja eine wahre Otter, sagt Dotter zum Fuchs. Später führte W. bei einer Otterei gegen Dotter diesen auf Korbschläger ab.

blieb oft ein unangenehmes Denkzeichen an jene sonnigen Höhen
für's ganze Leben. Der Paukarzt konnte wenig thun; ein Aderlaß,
ein Heftpflaster war Alles. Als characteristisch bemerkte man,
wenn der Spieß die Brust des Paukanten berührt hatte, daß
derselbe in der Pause sich unvermerkt abwendete, tief Athem holte
und die Lippen untersuchte, ob sie sich von blutigem Schaume
färbten.

Seit 1838 begann sich das Vorurtheil des Senats gegen die
Corps entschieden zu mildern. Viel trug dazu bei, daß Einzelne
sich mit Haase, Guyet, Danz ꝛc. privatim gut stellten, daher auch
manche Berücksichtigung erfuhren. Davon erzählt W. 2 Beispiele.
Nach einer Säbelsuite, die kurz darauf abgefaßt wurde, weil W.
seinem Gegner, einem Leipziger Lusaten, eine schwere Wunde
gegeben, mußte das Corps 2 Corpsschläger abliefern. Nach
überstandenem Carcer wurde W. zum Prorector Guyet des Abends
in's Haus gerufen und ihm nach dem Versprechen der Discretion,
die Schläger, die als Spolia opima dem Prorector zukamen,
zurückgegeben. Ein ander Mal forderte W. auf der Rose einen
Theologen Stock. Da dieser Satisfaction versagte, warf er ihn
die Treppe hinab. Unten trat eben Fuchs Pfannschmidt in's Haus,
der den Finken frug, was los sei. Der Finke erzählte ihm, wie
schändlich man's oben mit ihm getrieben. Da faßt Pfannschmidt
den Finken, schleppt ihn die Treppe hinauf und wirft ihn zum 2.
Male wieder hinunter. Der Finke denuncirte. W. gab an, den
Stock nur von einer seine Moralität beleidigenden Annäherung an
das Schenkmädchen fortgezogen zu haben, was Stock bestätigte.
Der Amtmann wollte W. heraushelfen mit der Anfrage: „Sie
haben ja wol die Gewohnheit, bei lebhaftem Gespräch die Leute
am Rockknopfe zu fassen?" Beide verweigerten indeß die Leistung
des Ehrenwortes, nur Pfannschmidt erklärte laut und feierlich:
„Ich gebe mein Ehrenwort darauf, daß ich den Stock hinauf-
geschleppt und wieder hinabgeworfen habe."

Im Winter 1838/39 begannen die Thüringer weiße Mützen
zu tragen, was früher, d. h. in den 20er Jahren, schon einmal
Sitte gewesen sein soll. Indessen wurde ihnen diese Sitte bald

vom Prorector privatim verboten, weil sie „die weimarischen Herren an die Germanen erinnere." Von dem Burgkeller trennte sich damals ein Theil und stiftete eine besondere Burschenschaft auf dem Fürstenkeller. Diese blieben indessen in einfachem, der alte Burgkeller in infamem Berruf. Am 8. Jan. starb unser Corps-bruder Haase, auf dem Geleitshause vom Finken Engel, der zum ersten Male losging, in einer Paukerei erstochen. Der Tod erfolgte durch Erstickung, weil das Blut sich in die Brusthöhle und Lungen ergoß. Prof. Schöman, herbeigerufen, meinte, es sei gut, wenn das Anziehen der Beine aufhöre. Daraufhin rief Wolter dem Haase in's Ohr: „Lieg ruhig, oder Du mußt dem Comment Abbitte thun!" Da streckte sich Haase, als plötzlich der Pedell Knoblauch den Kopf durch die Thüre steckt. Haase winkt heftig gegen ihn mit der Hand, zwei Füchse sprangen hinzu und warfen den Pedell zum Saal hinaus, worauf ein Lächeln über die Züge des Sterbenden glitt. H. war der Sohn des Oberbürgermeisters von Weimar. Die Tradition berichtet als factisch, daß, als Haase kurz vorher auf die Burg gekommen sei, aus der Dachluke die ausgesteckte Bierfahne herabgestürzt und mit der Spitze vor seinen Füßen in die Erde gefahren sei.

Der obenerwähnte Corpsbruder Pfannschmidt ging Ostern 1840 nach Halle und that dort die Guestphalia auf.

Im Anfang des Semesters 1840 trat ein betrübendes Ver-hältniß im Corps ein. Dahlmann, Sohn des berühmten D., ein feuriger, aufstrebender Jüngling, von allen geliebt, strebte plötzlich eine Reform der Statuten an, indem er eine Regeneration des Corpslebens durch Einführung von wissenschaftlichen und politi-schen Tendenzen bewirken wollte. Diese letzteren waren es, die den Conflict hervorriefen. D. trat aus und mit Thränen im Auge sahen ihn seine früheren Brüder in der p. p. Suite die Waffe jetzt gegen die 3 Farben kehren, für die sein geschickter Arm bisher so oft auf Mensur gestanden. Auf seinem Antrage zu beharren, hatten ihn Demagogen bestärkt, die in seinem elterlichen Hause verkehren durften. Wenn eine academische Jugend das heilige Feuer der Vaterlandsliebe in einer Zeit nährt, wo die besten

Güter des Volks von inneren und äußeren Feinden bedroht sind, wie in den Tagen des französischen Uebermuths, so ist das nur erfreulich, weil die Nation einen mächtigen Impuls und Sporn in der hinreißenden Begeisterung der Jugend findet. Das aber ist keine Politik. Es ist Patriotismus in einer Zeit, in die er gehört. Die Burschenschaft hat eine Rolle, die bis 1817 eine berechtigte war, in alle Ewigkeit fortspielen zu müssen geglaubt und ist so mit der Zeit in eine Politikpfuscherei hineingerathen, die das Studentenleben von Grund aus verkennt und ruinirt. Um auf den Gang der politischen Geschicke des Volkes Einfluß zu üben, muß man mehr studirt haben, als Brotwissenschaft; vor allem das Leben selbst, sowol das der Gegenwart, als der Geschichte. Studenten aber — nun, die studiren noch und haben in Zeiten, wo sie politisch-activ waren, nichts wie Excesse und Ueberstürzungen zu Wege gebracht. Diese sind aber nur da verzeihlich, weil natürlich, wo die Jugend sich im Gebiete der ihnen zukommenden Interessen tummelt. Das ist so beiläufig unsre Meinung.

Im Wesentlichen äußerte sich bei diesem traurigen Anlasse Dahlmann etwa so zu Protocoll: Indem ihm die Einigkeit der gesammten Universität am Herzen liege, müsse er es für etwas Widernatürliches halten, wenn Jünglinge, die einem Volke angehören, von aller Einigung abstehen und sich gegenseitig in infamen Verruf erklären. Er halte daher den Riß, der zwischen den Corps und den Burschenschaftern von je bestanden, für höchst bedauerlich, um so mehr, als er keinen inneren Gegensatz mehr zwischen beiden erblicke. Das Eingreifen der Burschenschaft in's politische Leben habe längst aufgehört (weil die äußeren Anlässe fehlten, denn 1848 greifen sie tüchtig wieder ein; die progressistischen Ideen, die die Politik nicht ausschließen, entwickeln sich im Innern ruhig fort. L.) Im höchsten Grade wünschenswerth und um des Vaterlandes willen nöthig sei eine fortwährende Beschäftigung mit dem Staatsleben, eine stehende Bekanntschaft mit den politischen Ereignissen und ein Ausbilden eigner politischer Grundfätze. Daher beantrage er Verhandlungen mit dem Fürstenkeller und Anbahnung nicht blos eines Paukverhältnisses, sondern eines von allen Studenten beschickten Convents, der die oberste Behörde der Studentenschaft bilden solle.

Hierauf gab Wohlfarth ungefähr folgendes zu Protocoll, und zwar, damit späteren Corpsbrüdern nicht die gegensätzliche Ansicht im Protocollbuche vorenthalten bliebe, wenn sie die Dahlmann'sche dort lesen würden. Der Antrag jenes Verhältnisses scheine zwei Gründe zu haben: 1) um das Verbindungsleben vom Untergange zu retten, 2) um uns staatswissenschaftlich und politisch aus- zubilden. — Jenen Untergang solle uns entweder die Burschen- schaft selbst drohen oder beiden Parteien zusammen der Staat. Aber die Burschenschaft sei uns jetzt, wo sie selbst in innerem Unfrieden lebe, weniger gefährlich wie je, und wenn Gefahr vom Staate drohe, so sei sie immer nur durch die Burschenschaft über die Studenten heraufbeschworen worden und werde es wieder, wenn wir durch unsern Anschluß ihre Existenz stärken. Entweder seien die Burschenschaften politisch, und dann hätten die Corps nach ihrer Constitution nichts damit zu thun, oder sie seien ein bloßer Waffenclub, und dann können die Corps ihm erst recht nicht gleiche Rechte mit sich zugestehen. Am nachdrück- lichsten sei das Motiv einer Furcht vor der Burschenschaft zurück- zuweisen.

Was den infamen Verruf betrifft, so könne der durch Her- stellung eines bloßen Paukverhältnisses beseitigt werden, wer übrigens aller Welt Freund sein wolle, sei bekanntlich Niemandes Freund. Das Corps sage dem Einzelnen: Liebe dein Vaterland und deine Religion! Es halte den Einzelnen an, seinen Studien obzuliegen, aber als ganzes Corps könne und wolle es kein politisch = wissenschaftlicher Verein sein, es könne höchstens den Character des Einzelnen für Staat und Menschheit bilden und stählen wollen. Eine bestimmte politische Meinung haben müssen, sei Sclaverei, und sie nur im Verborgnen hegen zu dürfen, sei es ebenfalls. — Außerdem wies W. die Politikmacherei aus denselben Gründen, wie wir sie oben angedeutet, sowie den alten Vorwurf des Conservatibismus zurück.*) Den Ausgang dieses traurigen Falles haben wir oben mitgetheilt.

Aus Halle meldet ein Brief im Sommer 1840, daß Pfann-schmidt, der dort die Guestphalia gegründet, incarcerirt sei, weshalb sie in postalischen Mittheilungen höchst zurückhaltend sein müßten. Die Verbindungen waren um diese Zeit in Vergleich zu Jena mit Argusaugen überwacht.

In diesem Jahre wurde das Cartell mit der Leipziger Saxonia abgebrochen und diese p. p. gefordert. Die Sache war, daß der Finke Piß in Leipzig etwas aus dem C. C. der Thuringia zu wissen glaubte und darüber schwatzte. Der gegenseitige Austausch von Meinungen führte zur Verbitterung und zum Bruch.

Am 16. Nov. 1840 wurden die Duelle auf Stoßwaffe durch öffentlichen Anschlag für criminell erklärt. Den Senat hatte der häufig tragische Ausgang dazu veranlaßt, denn 1837 und 1839 waren 2 Tödtungen in Jena vorgekommen und vom October bis Weihnacht 1839 nicht weniger als 8 Lungenfuchser zur officiellen Kenntniß gelangt. Man hatte daher einen neuen Fechtmeister statt des alten Bauer, Namens Roux angestellt, der auf Einführung des Hiebfechtens hinwirken sollte. Trotzdem blieb der beliebte Stoß noch immer in Praxi und die Thuringia stimmte in einem S. C. sogar entschieden auf Beibehaltung des criminell gewordenen Stoßes, dem schließlich alle übrigen Verbindungen folgten.

Im Wintersemester 1840/41 war die Thuringia das schwächste Corps in Jena: 10 Mann in Allem. Dabei durch die Maß-regelungen der letzten Jahre überschuldet. So waren 70 Thaler Fremdenrechnung auf der Kneipe, statt den kommenden Stiftungs-

---

*) Daß die Corps den Conservativismus hegen sollen, ist der lächerlichste Conservativismus eines Vorurtheils, der in der Burschenschaft von Geschlecht zu Geschlecht erbt. Kann es ein Muckerthum der Freiheit geben (und warum nicht? da alle Gegensätze, weit genug ausgebildet, sich endlich berühren), so ist seine Brutstätte im Schooße der academischen Demagogie zu suchen, die unter der Firma wissenschaftlicher und politischer Studien nur die persönliche Manie und Marotte fördert und den Blick in das Leben bei Zeiten unfrei und voreingenommen macht. (L.)

tag aber feierlich zu begehen, habe man, schreibt Ziegler an Wohlfarth, beschlossen, die bis dahin einlaufenden Gelder zur Deckung
dieser Schuld zu verwenden; das einfache Begängniß des Stiftungs-
tages werde das Herzliche nicht hindern. So feierte man es im
hochhansischen Gartenhause 1841 bei einfachem Abendbrot und
einigen Fässern Rosenbier — „um dem Corps seine fernere
Existenz zu sichern!"

Im März 1841 that sich die Guestphalia in Jena auf. Die
Vorarbeiten zur Einführung des Hiebcomments beginnen. Mit
dem Aufgange des Sommersemesters bricht endlich auch die Sonne
für die Thuringia durch die Wolken. Wider Erwarten erhielt sie
tüchtigen Zuschuß, Sallentin und Lindemann wurden wieder activ,
2 frühere Rostocker traten ein 2c., so daß wir mit 9 Corpsburschen und 6 Renoncen in's Semester gingen. Wie weit man
mit der Autorisation der Verbindungen war, beweist die Feier des
Thüringischen Kriegerfestes, an welchem am 19. Juni 1842 alle
Verbindungen in bester Haltung theilnahmen. Zu diesem Feste
wurden nur einfarbige Schläger und Schärpen gestattet, da an der
Feier des Guttenbergtags 1840 dem Senate wegen Gestattung der
farbigen Binden und Schläger Vorwürfe gemacht worden waren.
Das Wichtigste aus diesem Jahre ist die Einführung eines
Schiedsgerichts unter den Corps, wogegen der Senat auf Ein-
führung eines allgemein-studentischen gedrungen hatte. Diese
Maßregel gab dem Stoßcomment den letzten Stoß, denn nach Keil
wurde derselbe im Winter 1842/43 in Jena, der letzten Universität,
die ihn aufrecht erhalten, für immer abgeschafft. Für die specielle
Geschichte des Corps findet sich in unsern Quellen nichts als
Privat-Conflicte desselben mit den Mitgliedern Dittmar, Garthe,
v. d. Hellen, die sich theilweis bis zu p. p. Suiten mit andern
Corps, z. B. den Märkern in Halle, ausweiteten. Am 6. Nov.
1843 beschließt plötzlich der C. C. eine temporäre Auflösung
des Corps, welche — ich finde keinen andern Grund, am wenigsten
eine von außen kommende Nöthigung — nur durch die augenblick-
liche Finanzlage und numerische Schwäche geboten zu sein schien.
Indessen thaten am 12. März 1844 v. d. Hellen***, Struck**,

Hagemann*, Stöhr, Bran, v. Herrmann dasselbe mit allen Rechten und Statuten der alten Thuringia wieder auf. In dieser Zeit milderte sich das schroffe Verhalten der Corps zu den Burschenschaftern. Eine Errichtung eines allgemeinen Lesemuseums ward in Aussicht genommen, zu denen jede Verbindung ein Mitglied in die Commission schicken sollte, „um den Gang der Dinge zu beobachten." Dies war eine Modification der früheren Zumuthung der Burschenschaft, daß die Corps und Finken an ihren öffentlichen Versammlungen Theil nehmen sollten, was die Corps auf Antrag der Thuringia rundweg abgewiesen hatten, wonach Keil pag. 574 zu berichtigen ist. Eine Frucht dieser Annäherung scheint damals der allgemeine Beschluß gewesen zu sein, daß jeder jenaische Student, der an einem Hazardspiele theil= nähme, in einen 4wöchentlichen Verruf fahren solle. Auch die Errichtung eines allgemeinen Lesezimmers wurde 24./8 1846 beschlossen. Dies blieb jedoch auf den S. C. beschränkt. Indessen isolirte sich von dieser freien Vereinigung der Bär (eine seit 1843 bestehende besondere Burschenschaft) sehr bald wieder, weil sie sich weigerten, das Duell als Verbindungssache, als integrirenden Theil einer Studentenverbindung anzuerkennen.

Diese Verhältnisse wurden schließlich durch eine von Corps und Burschenschaften niedergesetzte Commission in feste Paragraphen gebracht und hatten nur die Repräsentationsformen der Jenaer Studentenschaft nach Außen, sowie die Herstellung eines geregelten anständigen Verkehrs im Innern im Auge, ohne daß die Principien der Corps im geringsten tangirt worden wären. Das Stimm= verhältniß der Corps= und burschenschaftlichen Principien war 1:1. Inmitten der 40er Jahre traten die Spaltungen in der Burschen= schaft immer schroffer zu Tage. Von dem Fürstenkeller und Burg= keller hatte sich 1843 schon der Bär geschieden, 1845 thaten sich die Teutonen und nach Auflösung des Fürstenkellers Michaelis 1846 die German en auf. Letztere beide hielten bis 1850 in allen stubent. Angelegenheiten, 1848 sogar in politischen, zum S. C. In's Jahr 1846 fällt eine Schlacht zwischen Corps und Teutonen einerseits und dem Burgkeller andererseits auf dem Kriegerfeste in

Apolda, 1847 sogar eine Bestürmung des Burgkellers von den Corps, Teutonen und Germanen. Die Thüringer werden nicht dabei genannt. Die Progreßbestrebungen des Burgkellers waren nämlich bis zu der ungeheuerlichen Ausdehnung gediehen, daß sie die letzten Schranken, die sie vom bürgerlichen Leben trennten, zu beseitigen strebten, mit Bürgern fraternisirten und unter Bürgern Proselyten für ihre Ideen machten. Es konnte nicht fehlen, daß diese Unterwühlung alles Studententhums den Hohn und Haß der studentischen Verbindungen herausforderte.

Im C. C. am 25jährigen Stiftungstage waren als Gäste anwesend Hagen, Weiser, v. Gräfendorff, Pfannschmidt, Weller, Gruner u. A. und ließen sich zur geistigen Erfrischung und Verlebendigung alter Zeiten die Corpsconstitution von 1820 vorlesen! Vergleiche das rührende Begehen dieses Tages 1841. Unterm 10. Juni 1846 meldet das Protocoll, daß die Thuringia vom S. C. auf 4 Wochen beigefahren sei. Der Grund ist nicht erfindbar gewesen.

Die damaligen Cartell-Corps waren die Sachsen in Leipzig, mit welchen unmittelbar nach der obenerwähnten p. p. Suite das alte gute Verhältniß wieder angeknüpft worden war, die Brunsvigen in Göttingen (seit 1845), welche in diesem Jahre von einem früheren Thüringer wieder mit aufgethan worden waren, die Westphalen in Halle, 1838 von unserm Pfannschmidt wieder aufgethan, die Borussen in Greifswald, die Silesen in Breslau.

Die Februarrevolution von 1848 übte auf das Studentenleben eine sehr verschiedene Wirkung. Die Burschenschaft, von Natur extensiv und nivellirend, mußte in dieser Zeit auch die letzte Schranke fallen lassen, die sie vom Philister getrennt hatte; was Studentisches an ihnen der allgemeinen Verschwommenheit widerstand, waren höchstens die Bänder und Cereviskappen. Das Corpsleben, nach Intensivität strebend und seine Kraft zu größerer Thätigkeit auf kleinem Raume sammelnd, erlitt zwar von den ersten politischen Schlagwellen ebenfalls einige Schwankungen und ward anfangs in den allgemeinen academischen Wirbel mit hineingerissen, (so sprach Dr. Weiser in einem C. C. den Wunsch aus, die Corpsverhältnisse den waltenden Zeitverhältnissen anzupassen. Auch Homann stellte mehrere dahin gehende Anträge), im Ganzen aber bemerken wir als Folge jener Zeit, daß die Corps von diesem öffentlichen Rausche sich bald erholten, ihre innerliche Festigung zurückgewannen und das specifische Studententhum in dem Maße mehr vertraten, je mehr die Burschenschaften davon nach außen opferten.

„Die erste Nachricht vom Aufstand in Paris machte Comment suspendu und veranlaßte eine allgemeine Kneiperei auf dem Markte. Der Burgkeller, vom eigentlichen Studentenleben bisher gänzlich retiré und mit den Corps, Teutonen und Germanen auf Holzcomment stehend, trat auf einmal hervor, betheiligte sich rege am politischen Leben, zog dadurch eine Menge Leute an sich, so daß von Teutonen einige 30, von Germanen einige weniger zu ihnen übertraten, und versuchte sogar im allgemeinen Taumel Mitglieder der Corps zu gewinnen und Auflösung aller Verbindungen, sowie Errichtung einer allgemeinen Burschenschaft zu predigen. Glück= licherweise machten die Ferien diesem Treiben ein Ende. Der Sommer fing wider Erwarten günstig an, die von den Burschen= schaftern angesteckten Corpsburschen — leider waren auch einige aus unsrer Mitte — fanden sich wieder, eine Menge Füchse traten ein und das Semester wurde eins der glänzendsten des Corps.

Die Protocolle weisen eine numerische Stärke von 26 auf, unter Weller ***, v. Stein **, Heise *.

Blicken manche von uns heute mit Kopfschütteln auf jene allgemeine politische Besoffenheit zurück, so muß das Treiben der Burschenschaft, wie wir es bei Keil dargestellt finden, mitunter geradezu kindisch erscheinen. Bei jenem obenerwähnten Gelag auf dem Markte zog dieselbe mit einer blau=weiß=rothen Fahne auf, worauf die Worte standen: Vive la république! Die Marseillaise ward gesungen und was der Tollheiten mehr waren. Der Senat verhielt sich passiv und tolerant, d. h. klug und weise, wie er schon früher, z. B. 1833, hätte thun sollen. Das Treiben der exaltirten Jugend wird erst gefährlich, wenn man von oben her ihm Wichtig= keit beilegt. Göthe hat das 1817 sehr wohl gewußt und als

Minister seinem Herrn und Fürsten zur Nichtbeachtung der Jenaer Vorgänge gerathen, während Hardenberg und Zichy durch ihren Zelotismus den Karren erst in den Dreck schoben. Bei den demonstrativen Heldenthaten in Weimar im März 1848 war nur der Burgkeller betheiligt, während wir hier der Germania nochmals nachrühmen wollen, daß sie die Betheiligung ablehnte: 1) weil sie das Mittel für unsittlich halte, 2) weil in einem kleinen Staate auch für nutzlos 2c.

Während die burschenschaftlichen Verbindungen Deutschlands schließlich in einer Erneuerung des Wartburgfestes im Juni 1848 den Gipfel ihres Treibens, sowie endlich eine reformatorische Lösung ihrer brennenden Fragen fanden, gewannen ihrerseits die deutschen Corps auf einem von Heidelberg aus berufenen allgemeinen Seniorenconvente im Juli 1848 in Jena ihre Haltung zurück. 11 Universitäten waren betheiligt. Dort wurde die Erklärung beschlossen, daß die Corps an eine Befehdung der Errungenschaften des Wartburgfestes nicht dächten, ebensowenig die Fahne des studentischen Particularismus auf's neue erheben wollten. Der Zweck des Congresses sei nur die Ordnung und Einrichtung der Corpsangelegenheiten, die Fragen der allgemein studentischen Angelegenheiten aber ausgeschlossen, weil dazu Betheiligung aller Verbindungen gehöre. Positive Beschlüsse waren, für Beibehaltung der academischen Gerichtsbarkeit und Collegienhonorare zu wirken, für die Corps den absoluten Duellzwang zu behalten, den andern Verbindungen gegenüber aber den relativen aufzustellen 2c. In Jena schritt man bald nach beiden Versammlungen zur Bildung einer allgemeinen Studentenschaft, in welcher die Unterschiede der studentischen Richtungen in den einzelnen Verbindungen jedoch nicht tangirt werden sollten. Ebendies aber wurde der Nagel zu ihrem Sarge. Die Corps traten in ihre exclusive Stellung zurück, trotzdem unser für jene Idee schwärmender Felix v. Stein durch ein fliegendes Blatt noch den ursprünglichen Zweck jener allgemeinen Studentenschaft wenigstens für Jena zu retten versucht hatte.

Die Sachsen, die sich 1836 aufgelöst hatten, 1838 aber von dem Thüringer Sägeken wieder aufgethan wurden, bestanden bis zum Jahre 1849, wo sie an numerischer Abzehrung verblichen. Die letzten Leute hielten sich zu uns, Fuchs Burmeister trat bei uns ein, und wir übernahmen auch den alten Sachsencorpshund Rino. Zu dieser Zeit (1849) bestand eine Landsmannschaft (!) Rasonia auf der Rasenmühle mit Schwarz-Roth-Gold, damit man ihr aber keine politischen Tendenzen unterlege, nahm sie 1850 Schwarz-Blau-Gold an. Endlich taufte sie sich Alemannia, knip auf dem Engel und ließ sich als Corps in den S. C. aufnehmen. Zu diesen 4 Corps kamen als studentische Verbindungen, nachdem die Coronia (von ihrer Kneipe „der Krone" so genannt) eingegangen, die Teutonia, Germania und der Burgkeller. Am 1. Juli 1853 nahm die Alemannia die Farben und den Namen einer Saxonia an, ohne in die vollen Rechte der alten einzutreten. Während die Burschenschaften ein engeres Verhältniß unter sich selbst verfolgten, traten sie dagegen in die schroffsten Beziehungen zu den Corps. Die Germanen, aufgefordert, sich in der Duellfrage zu entscheiden, erklärten endlich das Duell für Unsinn, und die Corps für das unsittlichste Element im Studentenleben. Darauf kündigte die Thuringia den Germanen am 2. Juli jedes Verhältniß und beantragte den Verruf gegen sie, was der S. C. annahm. Die Teutonen, darum befragt, erklärten, sie könnten sich dem Verrufe nicht anschließen, weil sie von der Existenz dieser Burschenschaft nichts wüßten.

In diesem Sommer war die Thuringia 16, die Frankonia 13, die Saxonia 10, die Guestphalia 14 Mann stark (mit den Renoncen).

Eine Prügelei zwischen den Corps und Teutonen einerseits, und Bürgern und Finken andererseits auf der Rose gab bald darauf Gelegenheit zum gemeinsamen Handeln für die Studentenschaft. Dazu war eine beabsichtigte Pistolensuite zwischen Brandes von uns, und dem Germanen Demelius, sowie die Ohrfeige, die ein Corpsbursch einem Burgkellerianer applicirt hatte, zur Anzeige gekommen. Die Folge der Untersuchung war, daß Weiß (Henner) und Müller von uns aufs Carcer mußten, Meyer consiliirt wurde. Man entwarf eine Petition um Strafmilderung für die 5 confiliirten Corpsburschen. Der Senat verwarf sie, und nun ging eine Petition sogar an's Staatsministerium. Mittlerweile erklärten sich die Corps und Teutonen auf dem Markte für permanent, Frösche und Schwärmer platzten, Pereats dröhnten, einigen vom Senate wurden die Fenster demolirt. Dies geschah am 24. Juli. Am 26. Juli lief die Antwort von Weimar ein, man werde die Universität lieber physisch als moralisch zu Grunde gehen lassen. Im Ganzen wurden 10 Studenten confiliirt, viele andre erhielten Carcer. Am härtesten traf dies die Saxonia, die sich am 30. Juli 1849 auflöste. Nach der Gründung der neuen Progreßverbindung Arminia kamen mehrfache Reibereien vor, in deren Schilderung Keil's rother Eifer auf Seiten der Corps alles schwarz malt und sich das Gold für das Benehmen der Arminen vorbehält. „Es ereignete sich sogar der unerhörte Scandal, daß ein Thüringer seinen Hund auf einen Arminen hetzte*)." Darauf erfolgte Hetzerei auf der Schneidemühle. „Am folgenden Tage zogen etwa 100 Progressisten nach der Schneidemühle, es erschien jedoch kein Corpsbursche", setzt K. etwas zweideutig hinzu. Als ob in einer Holzerei von ca. 20 gegen 100 auch noch Ehre zu holen sei! Als ob überhaupt geholzt werden müßte, um seinen Muth zu bethätigen!

Einige Erinnerungen Felix v. Stein's mögen hier als Nachtrag für 1848—49 Platz finden. Den 18. Oct. feierte man durch Abbrennen eines Feuers und verschiedenen Feuerwerks gewöhnlich auf einem Felde über der Rasenmühle. Es versteht sich, daß dieser Tag von den Burschenschaftern feierlichst begangen wurde. Damals zogen die Schützen, deren Hauptmann der Legationsrath Weller war, nach dem Paradiese aus, und die anwesenden Corpsstudenten folgten zum Theil. Weller's begeisterte Ansprache wurde durch das Loslassen einiger respectwidrigen Frösche interpellirt, und als er, darüber aufgebracht, ein solches hüpfendes corpus delicti austreten wollte, sprang ihm dies an den Leib und

*) War es Rino? Dieser noble, ritterliche Hund hat nie ein Kind beleidigt und ist nie auf Menschen, sondern nur auf Farben gegangen. Sobald er Burschenschaftsfarben sah, knurrte er, ohne daß man ihn reizte.

versengte seine neue Uniform, worüber er fuchswild ward und den unbekannten Attentäter höchst commentwidrig touchirte. Einem Thüringer nahm er das Versprechen ab, daß dieser ihm eine scharfe Forderung stellen wolle, im Falle der Missethäter entdeckt würde. Er wurde aber nicht entdeckt, nur lief die Fama leise von Ohr zu Ohr, der Attentäter sei Fritz Weller, der Sohn, gewesen. — „Bei Gelegenheit dieses Auszugs faßte ich (erzählt v. Stein weiter) den Entschluß, mir noch die andern Corps anzusehen, trat aber endlich doch bei den Thüringern ein. Schon Klappenbach, wollte ich unter den Füchsen auch zuerst losgehen und fing mir einen Germanen, an dem ich indeß wegen permanenten Verschwindens außer Hiebweite nach dem „Los!" nicht einmal meine Kunst erproben konnte, und ward Fuchsmajor. — In mein zweites Semester fällt die 300jährige Jubelfeier der Universität (eine Art officielle Vorfeier) am 30. Juni 1848. Abends war großer Commers im Paradiese, der Thüringertisch zählte 80 Mann. Ende dieses Semesters (1848) ging ich nach Berlin und that dort das eingegangene Corps Marchia mit Mehreren wieder auf." — (Das Uebrige in v. Stein's Bericht enthält schon Mitgetheiltes.) Die Thuringia recrutirte sich in diesem Jahre zumeist aus Schwarzburg, Mecklenburg, Altenburg und Weimar. Die Weimaraner hatten den Vortheil, unter den übrigen Füchsen zuerst losgehen zu können, weil sie auf dem dortigen Gymnasium schon Fechtunterricht genossen hatten. Es kam Salzmann schon als fertiger Schläger nach Jena, schlug aber meist flach. Es muß dies an der Schule gelegen haben, auch unser Kuntze (das Feuerhorn) und die bei den Germanen eingetretenen Weimaraner genossen diesen Ruf. Schreiber dieser Zeilen, ebenfalls Weimaraner, leistete eine Fuchsmensur, bei der man 13 Tiefquarten in die Binde des Frankenfuchses, aber flach, nachgezählt hatte. Uns Füchse, Baumbach, Schwarz, Höle und Lubner züchtete der schon inactiv gewordene Herner Weiß, dessen an sich herbes Wesen durch seinen weltbekannten kaustischen Witz anziehend wurde. Er kann von sich sagen, daß er der academischen Sprache sein eignes individuelles Gepräge auf viele Jahre hinaus aufgedrückt habe. Seine geflügelten Worte wurden nicht nur von allen Jenaer Studenten allmälig angenommen, sondern wanderten nachweisbar auf andere Hochschulen.

Leser dieser Zeilen, die sich solcher impromptus aus jener Zeit erinnern, können die besten getrost auf diese Quelle zurückführen. In Erfindung der tollsten Situationen war er unerschöpflich· Eines Sommertags wanderte Henner mit uns Füchsen nach dem kahlen Gipfel der Lobdaburg. Dort saßen wir um eine Schleif-kanne — in eine wahre Delawarenhorde verwandelt. Henner als Häuptling Chingachgook flocht sich aus Binsen den schrecklich nickenden Kopfbusch, denn wir hatten auf seinen Befehl den Tomahawk ausgegraben und waren auf Kriegspfad (gegen die Wirthe von Lobeda), wir selbst wanden uns Binsen um die Knöchel, tranken bei Kriegsgeheul in unserm dort errichteten Wigwam die Schleifkanne leer und rückten schließlich in Lobeda zum Schrecken aller guten Bürger ein, wo wir für unsre Bären-felle, Biber- und Fuchsfelle (Groschen und Kupfermünzen) Feuer-wasser im Rathhaus eintauschten. Seit jenem Tage trug Lindner den Namen das Papu. Erfurth, stud. theol., daher zum „großen Zauberer" der Horde ernannt, sollte einen in Lobeda ihm bekann-ten Siourhäuptling (Gutsbesitzer) um einige Biberfelle anpumpen, während wir vor dem Gutsthore einen schrecklichen Kriegstanz aufführten, wobei ein Junge von Lobeda, der offenbar das Nastuch vergessen hatte, als Pfahl diente. Unsre Drohung hatte gewirkt, der große Zauberer hatte das Fell eines grauen Bären (1 Thaler) erbeutet. Noch lange erzählte man sich schaudernd in Lobeda von der wilden, aus Cooper ausgebrochenen Horde der Delawaren. Während Salzmann auf Pfaden der Liebe girrte, Curtius graziös als Zweiter durch die Convente „schwebte", Trendelburg, mit Unterstützung seines Miniaturkläffers, den Germanen Malicen sagen ging — merkwürdig! so giftig der kleine Tr. war, fiel es Keinem ein, ihm etwas übel zu nehmen oder ihn thätlich zu beleidigen. Mutterseelenallein einst auf der Rose sitzend, warf er einen Knoten von ansehnlichem Wuchs, der unser Band trug, doch die Treppe hinunter, nachdem er ihm das Band abgerissen, und der Knote ließ sich's gefallen — hier lag ein psychologisches Räthsel

5*

vor — — während, wie ich anhub, Andre Andres als Liebhaberei trieben, versammelte Henner uns Füchse bei gemüthlichen Frühstücks oder Café's, wobei das Geographiespiel getrieben wurde. Bisweilen hielt er mit der Ise tiefsinnige Dispute darüber, ob Schiller oder Göthe größer gewesen, und die Ise, dadurch geschmeichelt, stellte willig einen Bon auf einige Flaschen Rauenthaler bei Papa Dietsch auf dem Burgkeller*) aus. Manchmal erfuhr auch Lindner II. die Ehre, aus seinem ersten dramatischen Verbrechen vorlesen zu dürfen, was auf Henner gewöhnlich die seltsame Wirkung hatte, daß er schließlich in der Sophaecke im sanften Schlafe lag. Es war nicht anders denkbar: Senf mußte etwas Betäubendes in die Schleißkanne gemischt haben!

Als ich (denn es sei mir erlaubt, mich noch einige Zeilen weiter meinen Erinnerungen zu überlassen) 1852 renoncirte, hatten sich Gabory, ein eleganter Hamburger, Stubemund, ein zierlich gebauter Mecklenburger, und der kleine, freundliche Hopfe schon Studirens halber zurückgezogen. Damit waren im Corps musikalisch-ästhetische Unterhaltungen wieder eingegangen, die bisher viel Anklang gefunden. Erfurth und Stubemund waren fertige Klavierspieler, Ziesmer spielte die Geige, ein Vierter das Cello; damit hatte man bisher ein Quartett beisammen gehabt. Gabory war ein literarisch höchst gebildeter Mensch. Er hatte damals ein ernstes Verhältniß mit der Tochter eines angesehenen Universitätslehrers, die ihm auf Befehl der Ihrigen entsagen sollte. G. verließ Jena, wie er dem Vater der Geliebten versprochen. Diese verfiel in ein Nervenfieber. Als die Krankheit den höchsten Grad erreicht hatte und der Arzt besorgt auf die eintretende Krisis wartete, richtet sich die Kranke plötzlich auf, wendet sich mit verklärtem Gesicht nach den Fenstern, haucht: Gabory! und schläft ein; um gerettet am andern Morgen zu erwachen. Gabory war in aller Stille von

---

*) Diesen ereilte die Nemesis auf einer seiner großen Tretreisen durch Deutschland, denn welcher Student hätte nicht bei ihm gepumpt! Baar Geld nahm er ungern. Er starb in der Schweiz, auf seinem Grabsteine stehen die Worte: „Er war ein Gläubiger!"

Hamburg gekommen, hatte um Mitternacht eine Stunde lang an der dem Fenster gegenüberliegenden Mauer gelehnt und war dann, ohne daß ein Mensch es erfahren, auf der Stelle wieder abgereist. Die Geliebte hatte seine Nähe **empfunden!** Es muß doch wol eine Telegraphie der Nerven geben. Das Factum ist verbürgt!

Als im Sommer 1852 die Teutonen und Germanen aus langem Verruf fuhren, machte das bisher mehr nach innen gekehrte Leben im Corps einer rührigen Thätigkeit nach außen Platz. Stoff zur Erbitterung hatte sich auf beiden Seiten genug gehäuft und kam in zahlreichen Duellen zum Austrag auf der Tanne, wohin wir am 30. Juli 1852 unsre Kneipe gelegt hatten. Im Ganzen waren die Nachtheile auf Seiten der Burschenschaften, obwol dieselben fast immer nur ihre besten Schläger herausschickten. Anfangs wurden täglich 3—4 Suiten abgepaukt, die häufig aber auch durch die Pedelle gestört wurden. Eine Treppe höher, in Göthe's alter Wohnung, mit dem Ausblick auf das Wehr, das ihn zu der Ballade bestimmte: „Das Wasser rauscht 2c.," wohnte Dr. Widmann, der den verfolgten Paukanten freundlich eine Kammer zum Versteck überließ. Dort brachten beide Gegner im Paukwichs gar oft eine halbe Stunde mitsammen zu, bis der Pedell das Haus wieder verlassen hatte. Im Winter 1853 fuhren jedoch erst die Teutonen, dann die Germanen auf unbestimmte Zeit wieder bei.

Der 9. Mai 1855 gab Gelegenheit zu einem allgemeinen Auftreten der Studentenschaft. Der Großherzog Carl Alexander, der seit seines Vaters Tode Jena zum ersten Male besuchte, sollte feierlich empfangen werden. Mehr als 400 Studenten vereinigten sich bei comment suspendu zu Fackelzug und Commers im Rosen= saal, den der Großherzog besuchte, und woran sich am folgenden Tage eine Marktkneiperei schloß.

Von 1851—55 schwankt die numerische Stärke des Corps zwischen 21—25 und hat damit die der 3 übrigen Corps stets überstiegen gehabt. Nach Salzmann's einigermaßen schlaffem Seniorat ergriff Seip, zum Glück einer der gediegensten Charactere, der ein Corps zu vertreten verdiente, die gelockerten Zügel und

stellte ben wankenden Geist mit mildem Ernst und humaner
Strenge wieder her. Auch in den folgenden Jahren überwogen
die Thüringer an Zahl gegen die andern Corps. Nur 1857
waren die Franken einmal stärker. Die Durchschnittszahl der
Thuringia mag bis heute circa 20 seit vielen Jahren gewesen sein.

Am Jubiläum der Universität waren die Thüringer Farben
durch 28 Mann (mit den Renoncen) vertreten. Die Gäste mit
einbegriffen, belief sich die Anzahl in die achtzig. Im Sommer
und Winter 1859 zählte das Corps 30 Mitglieder, was offenbar
als nachwirkender Einfluß jenes glänzenden Festes zu betrachten ist.
Bei dieser Gelegenheit erhielt das Corps von seinen alten Herren
eine prächtige schwarz-roth-weiße Fahne, die ihm durch den ältesten
der lebenden Thüringer, Adjunct Hagen (seit 1798), übergeben
wurde. Von den Verhältnissen zu den übrigen Verbindungen ist
Folgendes zu bemerken. Die Guestphalia, die sich 1856 aufgelöst hatte, versuchte sich zwar bald darauf eine neue Existenz zu
gründen, aber auf so gewaltsamem Wege (indem sogar alte Corpsbursche aus dem Philisterio zu diesem Zwecke zurückkehrten), daß
keine Lebensdauer zu erwarten war. Im Nov. 1861 erfolgte eine
abermalige Wiederbegründung, nachdem sie am Jubiläum 1858
nur durch alte Herren repräsentirt gewesen war, und zwar wurde
diese Wiederbegründung durch die Unterstützung der Thuringia
ermöglicht, die einen früheren Corpsbruder, der jetzt bei der
Saxonia in Leipzig war, zum Eintritt in die Guestphalia veranlaßte.
Ferner zeigte die Saxonia in Jena am 24./10 1861 ihre Auflösung an, wurde aber 4 Wochen später ebenfalls mit Hülfe zweier
zu diesem Zweck austretenden Thüringer, Fleischhauer und Kirch-
heim, wieder aufgethan. Von den Burschenschaften wurden die
Teutonen im Sommer 1857 aus dem Verruf erklärt, im Winter
1859 auch die Germanen. Ueber die Letzteren wurde dieser Verruf
jedoch sehr bald wieder verhängt, da sie dem S. C. gegenüber
ihre Burschenschafter-Principien allzu stark zur Geltung zu bringen
suchten, während die Teutonia sich von jeher mehr den Eigenschaften
einer Corps-Verbindung genähert hatte. Indessen haben mit dem
Wechsel der Generationen auch diese Verhältnisse stets gewechselt.

Cartell hatten die Thüringer in diesen Jahren, nachdem das seit 1839 bestandene mit der Guestphalia in Halle 1862 von unserer Seite aufgelöst worden war, mit der Saxonia in Leipzig, der Brunsviga in Göttingen, der Silesia in Breslau und der Borussia in Greifswald. Ein freundschaftliches Verhältniß bestand mit der Borussia in Halle, der Nassovia in Würzburg, der Rhenania in Heidelberg und der Tigurina in Zürich. Im Sommer 1866 erfolgte der bedauernswerthe Cartellbruch mit der Saxonia in Leipzig, um so peinlicher, weil dieses Verhältniß das älteste und innigste von je gewesen. Den Anlaß gab die Weigerung eines nach L. gegangenen früheren Thüringers, bei der Saxonia activ zu werden. Es scheint hier eine neuere Bestimmung vorzuliegen, die man früher nicht kannte, daß ein nach einer andern Universität gehender Corpsbursch beim dortigen Cartellcorps bei Strafe der Dimission eintreten müsse, eine Bestimmung, die auf den ersten Augenblick von mehreren Seiten ungerechtfertigt erscheint — wenn hier nicht specielle Umstände vorlagen.

Im Sommer 1868 erfolgten die ersten Wiederannäherungen, im Winter 1868/69 endlich das freudige Ereigniß der Wiederherstellung der alten herzlichen Beziehungen. Der Cartellabschluß wurde am 9. August 1869 zu Leipzig ratificirt.

Das erneute Bündniß gab Anlaß zu einer gründlichen Regelung der Cartellverhältnisse, da einerseits in den gegenseitigen Verpflichtungen des einen Corps zum andern, andererseits in den Beziehungen aller Cartellcorps unter einander bisher nur vager Usus gewaltet hatte. Zu diesem Zwecke fand am 12. Dec. 1868 in Berlin ein Cartelltag statt, auf dem die Vertreter der 5 Corps die neuen Bestimmungen beriethen. Das Resultat war, daß die Corps in einen gegenseitigen festen Verband traten und die Förderung gegenseitiger Interessen zur Aufgabe machten. Ein definitiver Abschluß erfolgte zwar nicht, dagegen erfolgte die Aufhebung des Verhältnisses zur Borussia in Halle und der Bruch mit der Tigurina in Zürich. Es wird dem Leser klar sein, daß diese Consequenzen auf die zufällige Quelle jenes Anlasses zurückzuführen sind, der die Thuringia momentan mit der Saxonia in Conflict brachte.

Der Sommer 1866 war verhängnißvoll.

Zunächst wirkte der Krieg auf den numerischen Betrag der Verbindungen und lähmte alles freie Leben der Studenten. Anderwärts zwang er manches Corps durch Einberufungen in die Armee zur Auflösung, während er in Jena sich mehr in seinen Folgen bemerkbar machte. Aber auch jetzt noch war die Thuringia das stärkste Corps, 15 Mann. Die Waffen waren aus diesen Gründen nur 16 Mal auf Mensur. Eine alte Bestimmung, das Verbot des Hazardspieles betr., wurde erneuert. Es scheint, daß diese Unsitte nur in Kriegszeiten einreißt, die alle studentische Zucht lockern. Außerdem, daß die Verlegung von Militär nach Jena der Stadt viel vom alten acabemischen Character nahm und höchst störend in die Freiheit der studentischen Sphäre eingriff, erfolgte ein anderer Nachtheil dadurch, daß die Activität militärischer Mitglieder sehr in Frage gestellt war. Besonders mußte man klar über die Duellfreiheit werden, da ohne sie die studirenden Militärs nicht activ werden konnten. Endlich erlangte man aber doch, daß bei beabsichtigter Mensur der einjährigen Freiwilligen vorher die Erlaubniß der militärischen Behörde eingeholt werden solle.

Der gemüthliche Character des alten Jena erfährt seit 1848 einen Stoß nach dem andern. Jena modernisirt sich. „Haben Sie schon eine Wohnung?" — „Nein." — „Dann kommen Sie, ich habe noch zu vermiethen!" Mit diesen Worten empfangen Philister heut zu Tage den am Markt haltenden Omnibus, der die Füchse nach Jena bringt. Wie bahnhofs- und badeortmäßig das den älteren Leuten klingen muß! Früher wartete der Philister, bis man ihm in's Haus kam. 1854 noch Silhouetten auf der Kneipe, jetzt elegante Photographien, — Militär in den Straßen, wo sonst der Bursch in Kanonen die einzig dominirende Rolle gespielt, — vielleicht legt man bei Mensuren bald kleine Feldtelegraphen, um die Nähe der Pedelle zu annonciren — ja wohl wird mancher alte Herr den Kopf schütteln, der sein Jena jetzt wieder betritt.

Von den alten Bummelliedern scheinen sich nur erhalten zu haben das Anstichslied „Constanz liegt" — „Die Rosen blühen

im Thale" — „Ach Gott, es wird schon wieder Morgen." Im
Ganzen finden wir aber nach einem ausführlichen Berichte Dunker's,
den wir nur benutzen, aber wegen der Jugend der betreffenden
Zeit nicht mittheilen konnten, daß die Bestimmungen und Gewohn=
heiten bei Kneipabenden und Contrahirabenden (Rose Mittwochs)
seit 1850 noch dieselben sind. Nur bemerken wir, daß nach den
Rosenabenden eine Zeit lang die Gewohnheit eingerissen war, vor
den Burgkeller zu ziehen und das Contrahirlied anzustimmen:
Juchheiraffafa, die Thüringer sind da! worauf die Arminen ihnen
mit ihrem Schlachtliede entgegenzogen. Diese Art zu contrahiren
ist indeß, seit Militär in Jena liegt, seltner geworden. 1853
hatte dagegen eine andre Manie grassirt, nach den Rosenabenden
nämlich auf den Burgkeller zu gehen und sich 'raus werfen zu
lassen, bis es mit Strenge verboten ward. Bech hatte diese
Marotte vor allen andern. Einmal hielt er den Burschenschaftern
eine so salbungsvolle, eindringliche Predigt über das Ueberkneipen,
daß die Leute dort, irre geführt, ihm einen Platz unter sich anboten.
Dann erst hielt er es an der Zeit, ihnen bemerklich zu machen,
daß er hinausdirigirt zu sein wünsche, was sie ihm gern gewährten.

Die Hegemonie unter den Corps machten der Thuringia nur
die Franken streitig. Die gegenseitige Gereiztheit, die zu p. p.
Suiten führte, legte sich erst bei Anlaß der Verhandlungen über
die Aufhebung des Verrufs, in welchem die Teutonen und Germanen bisher gestanden. Das Paukverhältniß mit diesen Verbindungen kam nach Neujahr 1868 zu Stande, dauerte aber nicht
das folgende Semester aus, da die Burschenschaften im Sommer
1868 wieder beigesteckt wurden. Die Gesammtzahl der Thüringer
betrug in diesem Winter 26. Im Ganzen ward mehr mit den
Arminen gepaukt, als mit dem S. C., bis am Schlusse des
Semesters auch die Arminen beifuhren. p. p. Forderungen waren
von den Borussen in Halle und von den Guestphalen in Jena
erfolgt, die letztere aus Anlaß einer in neuerer Zeit in Jena
aufgekommenen Gewohnheit, über welche manche der älteren Herren
den Kopf schütteln mögen. Wir meinen die Feriencommissionen.
In den Ferien zurückbleibende Corpsstudenten aller Corps amüsiren

sich gemeinsam, indem sie die gegenseitige Cordialität bis zu dem Grade entwickeln, daß sie gemeinschaftliche Hoftage auf den Bierdörfern halten. Das ist unter allen Umständen nicht gut, wie wir nicht näher zu erörtern brauchen. Wie leicht der Corpsstudent dabei die Contenance nicht bloß den andern Farben gegenüber verliert (das wäre noch zu ertragen), sondern sogar die Schranken zwischen Student und Philister mit der Zeit ertragen lernt, davon werden wir einen Beleg in der letzten Geschichte des Herzogthums Lichtenhain mitzutheilen haben. Wir wollen denselben dort um so weniger unterdrücken, als wir ein Recht haben, bei einer vieljährigen Beobachtung des Corpslebens der jüngeren Generation ein Wort zu sagen, um so weniger aber auch ein Bedenken haben, weil die Rüge, die in diesen Zeilen angedeutet ist, nicht lediglich die Thuringia, sondern die Jenenser Corps in ihren jüngsten Generationen allzusammen trifft. Indessen mögen wir diesen geschichtlichen Versuch keineswegs mit einer gefalteten Stirne schließen und haben es auch nicht nöthig. Daß das Corps sich auch in den letzten Jahren brav und tüchtig erwiesen und seiner Vergangenheit werth gezeigt hat, darüber brauchen wir nicht einmal seine jüngeren Mitglieder in ihren Zeugnissen zu hören, da man denselben noch immer eine gewisse Subjectivität der Anschauung beimessen könnte. Aber das unverwerflichste Zeugniß geben alljährlich die zahlreich versammelten alten und ältesten Herren, die z. B. am 6. Juni 1869 30 Mann stark das Corps mit ihrer Gegenwart beehrten. Es brauchte in den an diesem Tage stattfindenden C. C. nicht einmal ihrer freudigen Bestätigung, wie wir solche alljährlich in den Protocollen lesen; ihre bloße Anwesenheit ist Zeugniß genug, daß unlösliche Bande sie mit dem alten Bunde vereinen. Das Alter ist der Jugend gegenüber schwer zufrieden zu stellen, um so besser für die jüngeren Geschlechter, wenn sie sich die Zufriedenheit der Alten alljährlich neu zu erobern wissen. Auch weiß unsre persönliche Beobachtung bei keinem andern Corps in Jena eine so numerisch starke und zähe Betheiligung der alten Mitglieder an den Interessen des Bundes Jahr aus, Jahr ein, als bei der Thuringia. Möge der Geist, der die Alten an das Corps feſſelt, den Jüngeren bis in die fernſten Zeiten ein Sporn und Mahner bleiben, daß das treue Feſthalten an den Geboten des Bundes nicht bloß den perſönlichen Vortheil einer unſchätzbaren Jugenderinnerung, ſondern in der Ausbildung des Manneswerthes die Brauchbarkeit für das Vater- land und für die Geſellſchaft zur unmittelbaren Folge hat.

Thuringia vivat, floreat, crescat!

Versuch

einer

Geschichte

des

Herzogthums Lichtenhain.

———✦———

O süße Thorheit, goldener Weisheit voll,

Den Ernst des Lebens spiegelnd im Zerrgebild!

Entdeckst du Tiefsinn nicht im Unsinn,

Thust du mir leid, o Philisterseele!

L.

Wie die Sonne aus Dunst und Nebel, allerdurchlauchtigster und besanftigster Herr, oder auch, wie die Gemüthlichkeit aus dem Durste, oder auch, wie Eure eigne fürstliche Person mit jedem neuen Hoftage aus der Verkaterung des vorigen: so ging das Herzogthum Lichtenhain zur Verzweiflung aller gelehrten Geographen aus dem Schooße der allgemeinen Burschenschaft auf! Es ist nicht anders, fürstlicher Herr, in der Geschichte darf nicht gemogelt werden wie am Tische der Räuber, und wir müssen uns an den Gedanken schon gewöhnen, daß Euer Urahn ein dunkler Ehrenmann gewesen, der, des politischen Jammers satt, in diesem Erdenwinkel sein Arkadien suchte und inmitten eines Weltkampfes den Sprudel der glücklichen Vergessenheit hier entdeckte, bis seine Söhne und Enkel ihn wie einen zweiten castalischen Quell mit dem stolzen Gebäude fürstlicher Gewalt überwölbten. Alles, dessen wir über den Ursprung dieser Staaten habhaft werden konnten, ist, soweit es verbürgt werden kann, Folgendes: Ungefähr 1816 war es, die allgemeine Burschenschaft hatte bereits alle andern studentischen

Verbindungen verschlungen. Sie aber als solche war viel zu zahlreich, als daß sämmtliche Mitglieder sich durch ein anderes Band als das der p o l i t i s c h e n Tendenz verbunden fühlen sollten. Die Bedürfnisse der Gemüthlichkeit und Zerstreuung gingen bei einer Zahl von Hunderten weit aus einander. Da die Geschmäcker so verschieden auf Erden sind, so gestalteten sich bald gewisse Gruppen, die diese academische Gemüthlichkeit nach ihrem gusto suchten. Struck macht es wahrscheinlich, daß die in die Burschenschaft aufgegangenen Landsmannschaften sich zum Theil nur schwer amalgamiren ließen und in ihr wie fremde Elemente noch lange bewegt hätten. So mögen es frühere Landsmannschafter gewesen sein, die sich nach dem meiningischen Dorfe Lichtenhain gewöhnten und dort allerhand Kurzweil beim Bier trieben. Die Turner und Deutschthümler waren es jedoch sicher nicht. Aus dem 18. Jahrhundert mochte nun wohl sich die Erinnerung und Tradition eines gewissen Brauches beim Trinken von eigenthümlicher Art bis auf das Geschlecht von 1816 bererbt haben — wer mag da nachkommen, wenn wie ein Blitz aus heiterem Himmel ein plötzlicher Einfall über den Menschen kommt, unvorbereitet und unerwartet. — genug, er ist da und er zündet, „denn der mächtigste von allen Herrschern ist der Augenblick." Wo kamen die späteren „Räuber" her? . Sie waren ja auch nur das impromptu eines Augenblickes, der aber dauerndes Leben gewann. Wann trat er ein? Wir wissen das zufällig und werden es seiner Zeit unten berichten. So mag denn wohl eines schönen Tages in jenem Kreise von Burschenschaftern der Hamburger J u s t u s plötzlich ein Faß bestiegen und wie des Pegasus Huf aus dem Felsen die Quelle schlug, so das Bierreich durch ein sic volo, sic jubeo! aus dem Boden der flüchtigen Stunde in's Dasein gerufen haben. Mag sein Spitzname Tus schon früher gewesen oder mag die Abkürzung seines Namens erst mit diesem Factum erfolgt sein: genug, er war es, der durch den Einfall, sich zu einem Bierfürsten zu machen, Schick und Comment in die Sache brachte. Die Zeit that das Uebrige; sie schliff den roh hingeworfenen Block in Spitzen und Flächen ab, mit jeder

neuen Generation bildeten sich die inneren Verfassungsformen
characteristischer heraus, bis sie endlich als Statuten eines Bier=
herzogthums fixirt werden konnten. Keil ist im Widerspruche mit
unserm Frank, wenn er sagt, daß Tus VIII. seit 1816 regiert
habe bis 1818. Daß dieser Tus 1818 wirklich auf dem Throne
saß, bezeugt auch bei Keil Dr. Elster, aber er wird nicht zwei
Jahre regiert haben. Schon die Unruhe jener Zeiten, die alle
Verhältnisse beeinflußte, macht es annehmbar, daß die Tus seit
1816 (oder auch meinetwegen schon seit 1815) sehr rasch wechselten,
besonders ehe das junge Wurm von Staat einige Form gewann.
Jedenfalls war der Bierstaat noch kein intregrirender Theil der
großen Burschenschaft, sondern nur ein zufälliges Anhängsel.

Aber ist es nicht eine bewundernswerthe Weisheit des Gam=
brinus, des Schutzgottes von Lichtenhain, daß er den ersten aller
Herzöge einen Justus heißen ließ? Wollte er damit nicht einen
Mahnruf bis in alle Zukunft hinauswerfen, in welchem Sinne
diese Fürsten ihre Völker zu regieren hätten? Wollte er damit
nicht offenbar sagen: Seht einmal, ihr Räuber, Biermogler und
sonstiges Gesindel, was ihr für einen gnädigen, langmüthigen und
gerechten Regenten habt! Und ihr könnt sein väterliches Herz mit
dem Geheul betrüben:

Auf dem Throne sitzt ein Greis,
Der sich nicht zu helfen weiß?

Wir haben glücklicherweise aus 1818 eine ziemlich ausführliche
Schilderung eines Hoftages durch oben erwähnten Dr. Elster bei
Keil, die wir hier mittheilen müssen. „Als ich das erste Mal nach
Lichtenhain kam, thronte in dem niedern Zimmer der unansehnlichen
Schenke*) auf einem alten Großvaterstuhl**) der regierende Fürst
Tus VIII. und vor ihm an der halbzerbrochnen Tafel, an welcher
über tausend Namen eingeschnitten waren, saßen die apanagirten
Prinzen, Reichsverweser, der Erzkanzler, die Ritter und Mannen des
Hofs, darunter der Hofpoet und Zeitungsschreiber, die Hofbauern

---

*) Was leuchten soll, das muß im Dunkel stehn!
**) Er war noch nüchtern! Verzeiht es ihm.

bis herab zum Scharfrichter, dem Bluthund von Galgenbach*).
Der Reichsherold gab ein Zeichen mit der Stabstrompete, einem
alten Clarinettenstück, und rief unter großer Stille der Versammlung ein Manifest aus, folgenden Inhalts:
„Wir, Tus VIII., aus eignen Mitteln und Verdienst Herzog
von Lichtenhain, Erbherr von Kunitz, gefürsteter Graf von
Ziegenhain, der Lande Ober- und Unterwöllnitz Protector,
Chef des goldnen Bließes ꝛc. ꝛc., haben erfahren, was maßen
in unsern Landen sich ein großer Durst gezeigt hat, was
wir mit Wohlgefallen zu vernehmen allergnädigst geruhten.“
U. s. w.
„Als nun die Tafel vollzählig war, erhob sich der Herzog und
trank auf das Wohl seines durstigen Landes ein volles Stübchen,
ohne abzusetzen, worauf er sprach: „Es beginne das Kampfspiel!“
Und der Herold rief: „Die Schranken sind geöffnet!“ — Vor
jedem Ritter stand eine Lanze, das bekannte ausgepichte Gefäß von
Lindenholz, die Hälfte eines Stübchens, und es wählte nun Jeder
seinen Gegner.“ (Die Commando's waren wie heute noch:
Ergreift die Waffen! Legt euch aus! Stoßt aus! und so der
übrige Brauch.)

An diesen Bericht schließt sich zunächst der von Frank. Das
Herzogthum Lichtenhain — berichtet Frank — stand, als ich 1818
nach Jena kam, unter Tus VIII. Dies war der Mediciner
Buttmann aus dem Meiningen'schen, ein prächtiges Exemplar!
Er hielt im Sommer 1818 einen feierlichen Hoftag mit Umzug
in Jena, der allgemeines und zwar befriedigendes Aufsehen machte.
Ihm folgte Ostern 1819 der Mediciner Hofmann als Tus IX.,
ein stattlicher und mäßiger**) Fürst. Nun traten die durch Sand
veranlaßten trüben Tage ein, während welcher wir zwar zum

---

*) Es ist auffallend, wie rasch entwickelt der Bierstaat schon im Jahre
1818 erscheint. Ich vermuthe, es hatte sich ein ähnlicher Organismus bereits
seit Langem anderswo im Schooße der Burschenschaft ausgebildet und wurde von
jenem Justus und Genossen nur eben nach Lichtenhain übertragen.
**) Sollte hier ein Schreibfehler vorliegen? D. Setzer.

Trinkhoftage nach Lichtenhain gingen, aber nicht recht nach dem Ergebniß*) fragten, weshalb wir uns um Tüs X. und XI. nicht bekümmerten. (Riß's Brief verzeichnet als Tus XI. Schreiber aus Merseburg, und als Tus XII. Richter aus Salzungen, welcher Sachse gewesen. L.) Das Herzogthum schien untergehen zu wollen. Sobald wir aber in eine Corps = Gesellschaft getreten waren, da einigten wir uns mit denen, die eine Saxonia stiften wollten, zur echten und rechten Wiederaufrichtung des nun einmal zur Universität gehörenden Herzogthums. Es wurde eine neue Burg — bei „Friß" — erwählt und ein Hoftag zum Chargetrinken anberaumt, mit dem Bemerken, daß die bereits früher errungene Stübchenzahl ihre Geltung behalte. (Anfangs hatten wir eine Burg mit den Sachsen gemeinschaftlich, diese lag links am untern Ende des Dorfes. Der Burgvogt hieß Friß. Bericht von Löbe.) Lieber Himmel, ich hatte die meisten, aber als Theolog und Mitglied der Seminare durfte ich nicht an die Spiße treten und wollte es auch nicht, da ich Senior in spe war. Deshalb schloß ich im Stillen ein pactum mit dem nach mir an Stübchen reichsten Manne, dem Mediciner Richter aus Salzungen, nach welchem er 4 und ich nur 2 Stübchen trank**). So wurde Richter Herzog Tus XII. mit 52 Stübchen, ich Erbprinz Tuscik XII. mit 50 Stübchen, Louis Wunder Prinz Limonade und Spörl Prinz Orgeade. Mein voller Titel war — nachdem ich folgende Chargen vorher erreicht gehabt: 1) Hofbüchsenspanner mit 4 Stübchen, 2) Reisemarschall Graf von Bodenrein mit 9 Stübchen, 3) Minister des Innern mit 20 Stübchen, 4) Prinz Orgeade mit 31 Stübchen, 5) Prinz Limonade mit 48 Stübchen — Tuscik XII., Erbprinz, General der Cavallerie, Protector der Künste und Wissenschaften, Graf zu Burgau und Winzerla, Freiherr von Kirchberg zum Fuchs- thurm, des Bierbundes der Crubia zum blauen Hecht ordentliches Mitglied.

---

*) Des Chargetrinkens, wie aus einer Stelle unten ersichtlich ist. L.

**) Also standen am Ende des Chargetrinkens Beide mit 48 Stübchen gleich. L.

„Die Franken hatten eine Grafschaft in Wöllnitz, ihre Grafen hießen Popp, und es fanden mitunter gegenseitige Besuche statt. In Ziegenhain tagten unter einem Papste die Teutonen, Finken und andere Lichtscheue (!)." (Rtz.)

Wie Keil erwähnt, hieß der Burgvogt noch im Jahre 1826 Fritz und es geht daraus hervor, daß wir diese Burg 8 Jahre lang gehabt hatten, bis wir 1826—27 wechselten.

Hier sei der bekannten Erzählung von Tus XXXVII. und seinem Abenteuer mit Karl August, Großherzog von Weimar, gedacht. Sie ist oft nacherzählt und gedruckt worden, ihre Wahrheit kann nicht mehr statuirt werden, da jener Tus, Gabriel Straßburger, wenn es der XXXVII. wirklich war, nunmehr todt ist.

Dieser Tus war ein leidenschaftlicher Jagdliebhaber und streifte öfter mit dem Gewehr in der Gegend von Lichtenhain pirschend umher. Endlich nahm ihm der Revierjäger die Büchse weg. „Was untersteht Er sich!" zürnte Tus, weiß Er, „wer ich bin?" — Nein. — „Ich bin Fürst Tus XXXVII. von Lichtenhain." — Verdutzt gab ihm der Jäger das Gewehr wieder, berichtete aber den Fall nach Weimar. Karl August erfuhr's und über die Keckheit lachend schickte er einen seiner krebsrothen Kammerhusaren an Tus und ließ ihm sagen: Eine Empfehlung vom Großherzog an Seine Liebden, den Fürsten Tus von Lichtenhain; Serenissimus pflegten nur auf eignem Gebiet zu jagen, der Herr Fürst möge daher auch auf dem seinigen bleiben, wenn er wieder zu jagen geruhe.

Im Winter 1826 verließen wir die bisherige Burg bei Fritz und zogen schief über auf die rechte Seite; der Burgvogt hieß August der Postmeister, dessen Schwester die Wirthin machte und der die Knackwürste und Käse in ein Schnupftuch eingebunden von Jena höchsteigenhändig zu den Hoftagen holte, zuletzt auch manchmal seine Rosinante anspannen mußte, um Todte nach Hause zu fahren. Der erste Herzog — erzählt Löbe — auf der neuen Burg war v. Göckel . . . (Dessen Uebertritt aus der Saxonia zu uns war der Grund, weshalb die Sachsen, mit denen wir seit

1820 ein gemeinfames Herzogthum gehabt, deffen Herzöge ohne Rückficht auf den Corpsverband nach ihrer Qualität (fiehe oben Chargetrinken!) aus beiden Corps gewählt wurden, fich eine eigne Burg errichteten. v. Böckel war Tus XXIII., Sartorius XXIV., v. Gräfendorff XXV. L.) Die feierliche Krönung des v. Gräfendorff gefchah am 10 Febr. 1827 und wurde von mir als Erzbifchof vollzogen. Die folgende Befchreibung des großen Auszugs vergleiche mit der zum Theil unwahren von Keil S. 509: Sonft ging halb Jena zur Jacobsfärke nach Lichtenhain. In diefem Jahre, und an diefem Tage befonders, waren wenig Philifter hinausgegangen, fondern hatten fich nach Ziegenhain gewendet. Defto mehr waren Studenten oben, befonders da auch die Conftantiften ein Herzogthum oben hatten. Um nun die Philifter zu ärgern, den Studenten aber — nach ihrem Ausdruck — eine Ehre anzuthun, hatte die Lichtenhainer Gemeinde befchloffen, uns mit einem Mufikcorps bis an das Weichbild Jena's entgegenzuziehen. Von unferer Seite wurde befchloffen, daß alle 4 Herzöge mit ihrem Hofe en gala nach Lichtenhain jenen entgegenziehen follten. Der Sammelplatz war auf dem Engel. Voran zog der Herzog von Gräfendorff (die Thuringia eröffnete den Zug) mit den Infignien, in Kanonen und Lederhofen; hierauf der alte Herzog (Kertfcher), geführt von dem Ur-Ur-Großvater Dietrich und dem Erbprinzen Klein, alle fein gefchniepelt und mit Orden gefchmückt, dann nach dem Rang die übrigen. Dann kamen die Sachfen, Teutonen und Conftantiften. Voraus ein Jen. Mufikcorps. So zogen wir, etwa 150 Mann ftark, den Lichtenhainern entgegen, die an der Dorfgrenze eine fchöngefchmückte Ehrenpforte gebaut hatten, daran die Worte: Willkommen in Lichtenhain! Die ganze Gemeinde kam uns mit Mufik und Ober- und Untergewehr entgegen. An der Ehrenpforte wurde Halt gemacht und von dem Richter des Dorfes eine Rede gehalten. Eine mitgebrachte Tonne Bier wurde gleich auf freiem Felde geleert. Sodann zogen wir unter dem Donner der Kanonen, die die Lichtenhainer fich von Jena geliehen, mit klingendem Spiel in's Dorf, wo vom Anfang bis zu Ende der Gaffe lange Tafeln aufgeftellt waren 2c.

Die Burg in Lichtenhain war 1839 nach Taubenecks, dem vorletzten Hause hinter der Kirche, verlegt worden. Um diese Zeit waren die Kneipereien außerhalb des Hoflags die beliebtesten, weil gemüthlichsten, wie sie es zu allen Zeiten gewesen. Die gleich= gestimmten Seelen, die sich dort am häufigsten fanden, waren Wohlfahrt, Krause, Sallentin, Bachmann, Vater, Ziegler und beide Schow's. — „An solchen Tagen", — erzählt Wohlfahrt — „fiel auch meine stereotype Anfrage an das Burgfräulein nach der Anzahl der mir gebrachten Stübchen fort, worauf sonst die feststehende Antwort erfolgt war: „Das sechste, Herr Wallfarth", obgleich es erst das zweite war, indem ich doch als Prinz Gluck=Gluck, illegitimer Sohn des Herzogs, den Füchsen ein aufmunterndes Beispiel geben mußte! Am Weihnachtsabend zogen die in Jena Gebliebenen durch die Stadt mit Kindertrompeten, Trommeln, Flöten u. s. f. nach der Burg hinaus, wo wir sowohl den Burgleuten, als auch uns untereinander bescheerten. Abends zogen wir bei Fackeln heim, und malerisch erglänzten auf dem andern Saalufer die Fackeln der von Wöllnitz heimziehenden Franken. Bei solchen Heimzügen kam manche Tollheit vor. Eines Sonntags, zum Rosenball eingeladen, hatte ich mich verleiten lassen, zuvor einen Abstecher nach Lichten= hain zu machen. Es war Glatteis und um nicht auf dem Heim= wege durch einen Fall meine einzigen Unaussprechlichen unballmäßig zu machen, zog ich sie aus und wanderte mit ihnen unterm Arm, geschützt durch den langen Schlafrock, als Sansculotte heim. — In früheren Zeiten hat der Student die Mappe bei den Abhöhen als Schlitten und das Rappier als Pike gebraucht. — In diesem Semester ward auch die Redaction des neuen Biercomments vollendet und unentgeltlich in der Officin des Vaters unseres Corps= bruders v. Göckel*) aus Eisenach, gedruckt. Es war zuvor eine

---

*) Jetzt todt. Ein Hospizlied sagt von ihm:

Der Herr von Göckel
Versetzt das Röckel,
Versetzt die Bibel,
Das ist nicht übel
Von Herrn von Göckel.

Commission aus den 3 Corps zur Ausarbeitung niedergesetzt
worden. Diese tagte auf S. C. Kosten und nachdem sie 4 Wochen
getagt, ward sie eines Tages dabei überrascht, daß sie in ihrer
Arbeit noch nicht weiter, als bis zum zweiten Buchstaben des Titels
B—i—e—r——C—o—m—m—e—n—t* gediehen und eben in
der heftigen Debatte begriffen war, ob der Titel mit großen oder
noch größeren Buchstaben gedruckt werden solle*)!

Das Wesen des Bierstaates L. hat bis heute keine nennens-
werthen Neuerungen erfahren, außer der Errichtung des Räubertisches. Alles, was wir noch darüber berichten könnten, würden
Begegnisse, Erinnerungen rein persönlicher Art sein — wenn
uns solche mitgetheilt worden wären. Daher wird der Redactor
dieser Schrift selbst noch einmal als Erzähler auftreten und ein
Bericht von Dunker über Zustände in L. aus den letzten Jahren
diese Mittheilungen über den Bierstaat schließen.

Wir haben oben versprochen, die Entstehung des Räubertisches
nachzuweisen und damit zu belegen, wie oft ein zufälliges unbe-
deutendes Factum zu einer dauernden und tief eingreifenden
Gewohnheit werden kann. Es war unter der Regentschaft
Tas LXVII. vulgo Trendelburg. Bech, ein ewiger Krakehler und
Bierknelfer, hatte sich seit Wochen schon aus — unbekannten
Gründen in permanenten Bierverruf erklärt, aß Kubeben und trank
Wasser aus seiner Kanne, das er sich heimlich vom Hofe holte,
aber beim Lanzenbrechen für Bier ausgab. Denn forsch und auf
dem Damme wollte Bech natürlich unter allen Umständen —
scheinen. Endlich ward er an jenem Abende abgefaßt und, da mit
ihm in Bierstrafen nichts zu machen war, vom Tisch berwiesen.
Bech errichtete sich in der Ecke des Zimmers ein Katzentischchen,
trank Wasser und randalirte. Einigen Füchsen gefiel dieses
empörerische Treiben, und sie hatten nichts Eiligeres zu thun, als
sich ebenfalls unnütz zu machen, sich in Bierverruf stecken zu lassen

---

*) Das ist eine alte Geschichte,
   Doch bleibt sie ewig neu.
Oder wer hat von derartigen Commissionen je was Andres gehört! L.

und Bech Gesellschaft zu leisten in der Verhöhnung aller heiligen
Ordnung. Plötzlich stimmte Bech das Lied an:

> In des Waldes tiefsten Gründen,
> In den Höhlen tief versteckt ....

eins seiner Lieblingslieder, weil es „forsch" klang. Die Andern
fielen ein. Damit erklärte er sich zum Rinaldo, kürte sich einen
Klappenbach und verhöhnte die Thätigkeit am Erztische durch die
Carrikirung der Staatsgesetze. Am nächsten Hoftage fand man,
daß die Sache gefallen hatte, Bech trank noch immer Wasser, einige
verruchte vogelfreie Genossen fanden sich bald auch wieder, und
der Räuberklub war wieder fertig. Später setzte jedoch Tus der
Sache den Daumen auf und hielt die Räuber im Zaum bis nach
Beendigung des eigentlichen Hoftags. Dann freilich fanden sich
andre Gesinnungsverwandte am Räubertische zusammen; mit der
Zeit gewann er eine gewisse Form, endlich sogar feste Statuten;
ich aber

> „Weiß nicht, ob's anders worden
> In dieser neuen Zeit."

Dies geschah im Sommer 1853.

Aus den Jahren 1866—69 schreibt Max Dunker: Jeder
wird zugeben, daß die schönsten Erinnerungen für den Thüringer
sich an Lichtenhain knüpfen, an die alte Burg, den Burgvogt
Christel Blochberger, an seine biedre alte Hackschfrau Thusca, an
das schöne Aennchen und die kleinen Leibfüchse; endlich an die
kleinen Lichtenhainerinnen und den Hofmaler Jahn, den biedern
Nachtwächter. Wie traulich war's auf der Burg nach einem
Marsch im Sonnenbrand, wenn Thusca geschäftig das Bier
besorgte und dann sich niederließ, um mit den Leuten ein wenig
zu hackschen! Wie schrecklich war ihr Zorn, wenn ihr mit Beihilfe
ihres Gemahls ein Schinken oder eine Wurst gemaust wurde, die
man dann jubelnd verzehrte!

Dann machte man wol auch einen Gang durch's Dorf,
scherzte mit den Mädchen, spielte einen Scat im Gemeindehause
oder plauderte mit den Dorfphilistern im Drahtleuchterverein der
Dorfschenke.

Wer vergißt sie wieder, das Bratwurstfest, das Fest der Baumblüthe, die Pfingsttage, an denen man mit Musik einen Pfingstbaum umherträgt! Dabei kriegt jedes Mädchen ein Ständchen, wofür sie ein buntes Band an den Baum opfert. Dieser Baum wird schließlich verauctionirt, in der Regel ersteht ihn ein Thüringer, der ihn dann seiner Primadonna schenkt. Wer gedenkt nicht der Spinnstuben im Winter, wohin die Bursche uneingeladen Zutritt haben .....

> „O zarte Sehnsucht, süßes Hoffen!
> Das ihn erfaßt in Lichtenhain,
> Da steht der Bursch die Spinnstub' offen
> Und schöne Mädchen sitzen drein
> Nun reißt von schöner Hand der Faden,
> Mit Schnelligkeit fährt er hinein —
> Und so mit Küssen reich beladen
> Verläßt der Bursch sein Lichtenhain."

Auch mit den sogenannten Bierburschen wurde ein vertrauteres Verhältniß angeknüpft; man schmiß ihnen vielfach Spritzkannen 'raus, wofür sie sich denn auch revanchirten und einmal eine große Frühkneipe veranstalteten, die sie mit allerhand komischen Aufzügen zu würzen verstanden.

Ja, Lichtenhain wurde mit der Zeit namentlich in den Ferien so sehr Standquartier, daß viele Leute Tage lang dort verweilten.

Schließlich nahm jedoch die Lichtenhainpassion so überhand, daß darunter das Corpsinteresse zu leiden anfing. Es mußte ernstlich dawider eingeschritten werden. In dem letzten Semester 1868 auf 1869 erkaltete das Verhältniß ein wenig. Die Dorfschönen wurden mit der Zeit langweilig und die Bierburschen durch gute Behandlung zu dreist. Die Burg wurde wieder häufiger besucht; die Leute hielten sich überhaupt mehr in der Stadt auf und lagen den Wissenschaften ob*).

---

*) Derartige Ausartungen müssen eben vom C. C. im Keime erstickt werden. Sie wachsen schneller noch, als sie entstehen und schädigen den esprit de corps. L.

Das edle Herzogthum zählte im Sommersemester 1866 den sechs und achtzigsten Tus, der mit starker Hand die Zügel der Regierung führte. Auf seiner Hofburg versammelte er nach alter Sitte gewöhnlich alle vier Wochen die getreuen Unterthanen, um einen solennen geschärften Hoftag abzuhalten. Sein getreuer Diener Fipsius Klappenbach mußte sodann den Unterthanen bekannt machen, daß sie sich am Nachmittage zur bestimmten Stunde mit allen ihren Orden auf dem Markte einzufinden hätten, um sich mit Sr. Durchlaucht, nachdem man beim Kaufmann Tonndorf am Markt einen „dicken Schmidt" genossen, zum geschärften Hoftage zu begeben. Bisweilen fuhr auch der Herzog in Gala, vier Pferde lang, hinaus.

Zweimal im Jahre wurde das Fest des Antrinkens und der Ordensverleihung gefeiert, im Sommersemester das „kleine Antrinken", im Wintersemester das „große Antrinken."

Das kleine Antrinken war ein Hoftag, während dessen sich die Unterthanen behufs Chargenerhöhung mit größeren oder kleineren Quantitäten Biers nach Maßgabe der Zahl ihrer Semester beim Herzoge antrinken mußten. Dies geschah gewöhnlich im Freien. Nach Beendigung dieses Actus erfolgte die feierliche Ordensverleihung vom Herzog, wozu sich zwei crasse Individuen als „Corpsknaben fricassiren" mußten.

Das große Antrinken wurde mit großem Pomp gefeiert. Es ergingen dazu Einladungen an die verbündeten Corps und ältere auswärtige Mitglieder, die sich gewöhnlich rege betheiligten. Das Programm dazu war folgendes:

„Am Vorabend Musikkneipe im S. C.-Locale. Am andern Tage Frühkneipe und Diner auf der Tanne, nach demselben große Ausfahrt nach Lichtenhain und solenner Hoftag, zu dem auch die beiden Grafen von Henneberg-Wöllnitz ihre Gesandtschaften schickten. Auf den andern Tag fiel gewöhnlich der solenne Hofball in Lichtenhain und am dritten Tage fand eine Ausfahrt nach Rothenstein statt."

Die Ausfahrt nach Lichtenhain fand in folgender Reihenfolge statt: Voran ritt als Zugführer ein Corpsbursch in Wichs, dann folgte der Wagen mit dem Musikchor, in dritter Reihe ritt ein Corpsburſch in Wichs mit der lichtenhainer Fahne, ihm zur Seite zwei Füchſe mit Räuberſchärpen, dann kam, mit vier Pferden beſpannt, der herzogliche Wagen mit dem Klappenbach hintenauf, hinter ihm reihten ſich die Wagen mit den Mittheilnehmern am Zuge. Den Schluß machte der Wagen mit dem Räuberhauptmann und ſeiner Brut. Der Zug bewegte ſich durch die Hauptſtraßen der Stadt.

Mit einigen Unterbrechungen florirte an Hoftagen die ſogenannte Bierzeitung und der Sängerkrieg in jedem Semeſter zeugte von der großen poetiſchen Leiſtungsfähigkeit der Unterthanen. Es iſt manches Geiſtesproduct an's Tageslicht befördert worden, das das Zwerchfell der Lauſchenden in Er= ſchütterung brachte.

Der Uſus an den Hoftagen ſelbſt war folgender:

Auf der Burg angekommen, nahmen die Unterthanen nach ihrem Range, der durch die Zahl der Semeſter beſtimmt iſt, an zwei Tiſchen Platz und zwar die Ritter an dem dem Throne zunächſt ſtehenden, dem ſogenannten Erztiſche; an dem andern, dem Räubertiſche, die einſemeſtrigen Individuen, nach Verleſung der Räuberconſtitution und durch das vom Räuberhauptmann in den linken Vorderarm eingeſchnittene Räuberkreuz in den edlen Banditen= ſtand aufgenommen.

Nachdem der Herzog durch Klappenbach mit den Worten: „Silentium im Namen Sr. Durchlaucht: ad loca!" Ruhe geboten, beſteigt er, angethan mit den Inſignien ſeiner Macht, einem rothen Mantel mit Hermelin (geflecktem Kaninchenfell) beſetzt, behangen mit den Orden ſeines Reichs, den mit grünen Tannenzweigen geſchmückten Thron. Ihm gegenüber, am anderen Ende des Prinzentiſches nimmt der rothbekappte Klappenbach auf der Lehne ſeines Stuhles Platz. Das Silentium des Herzogs: „Wir reiben zur Eröffnung eines ſolennen geſchärften Hoftags einen kräftigen Salamander", eröffnet den Hoftag. Nach der großen Kur, d. h. nach der perſönlichen Vorſtellung der einzelnen Unterthanen vor dem Throne, hält der Herzog ſeine Thronrede, deren blühenden

Unsinn durch komische Entstellungen noch drolliger zu machen dem stets referirenden Klappenbach zur Aufgabe gestellt ist. Dann beginnt der geschärfte Hoftag, an dem drei officielle stereotype Lieder gesungen werden: „Die Sage meldet, das deutsche Reich", „Es ging die kleine Galathee" und „Es war ein Bauer im Odenwald". Eine Reihe von Lanzenspielen beginnt, vom Tus geleitet, mit den Worten: „Silentium, das Lanzenspiel beginnt und geht an Uns, an Den und Den, Klappenbach eo ipso". Auch werden von den getreuen Unterthanen, bisweilen vom Herzoge selbst, Lanzenspiele aus halben und ganzen Kannen ausgemacht und zwar mit entblößtem Haupte vor dem Thron. Der Herzog giebt das Zeichen: „Ergreift die Lanzen, legt Euch aus, stoßt sie aus!" und fertigt den Besiegten mit den Worten: „In den Sand gestreckt" ab.

Nach dem geschärften Hoftage beginnt der einfache. Die Räuber wählen durch Acclamation ihren Räuberhauptmann, der die schönen Lieder: „Scheibe" und „Es fiel ein Furz vom Dache" singen läßt, stets Opposition gegen den Herzog ergreift und ihm doch schließlich mit seinem „Gesindel" einen Fackelzug mit Fidibussen bringt. Sein Thron ist eine kleine Fußbank auf dem Ende der Räubertafel. Er intonirt die Lieder stets mit der großen hölzernen Stimmgabel. Seine Räuber reizt er auf, die Prinzen zu bestehlen, namentlich jedoch sie im Lanzenspiel zu besiegen.

Zum Schlusse läßt der Herzog das Horn von Lichtenhain die Runde machen. Es muß sodann jeder ein Lied singen und im Weigerungsfalle das Horn leeren.

Unter der Regierung Tus LXXXVII. verließen die Thüringer die Burg, weil sie sich mit Christel Blochberger veruneint hatten. Das große Antrinken wurde demnach in dem neuerbauten Gemeinde-hause gefeiert. Bald jedoch zog die Thuringia wieder in die alte Burg ein.

Um diese Zeit trat nach einer längeren Pause wieder ein freundschaftliches Einvernehmen zwischen den hohen Häusern von Lichtenhain und Henneberg = Wöllnitz (Franken) ein, später gesellte sich auch das Haus Henneberg = Wöllnitz = Winzerla (Guestphalia).

hinzu. Die hohen Herrschaften beehrten sich an Galatagen, in Lichtenhain dem großen Antrinken, mit Gesandtschaften und verliehen sich gegenseitig Orden.

Unter der Regierung Tus XC. trat abermals, jetzt jedoch dauernder Wechsel der Hofburg ein. Dieselbe wurde aus dem Hause Christel Blochberger, woselbst sie über achtzehn Jahre gewesen war, in das neuerbaute Haus des Zimmermann's Scheer verlegt. Ein großes Zimmer mit schöner Aussicht ist seitdem der Sitz Sr. Durchlaucht. Christel hatte den Thüringern die Burg gekündigt, aus verletztem Bauernstolz, weil er sich von einem Mitgliede des Corps beleidigt glaubte.

Der Herzog hat souveraine Gewalt in Lichtenhain. Dotirt an Hoftagen mit Freibier, kann er in seinen Staaten Einrichtungen treffen, wie er will. Nur dürfen dieselben nicht allzu sehr mit den sonstigen Satzungen der Corps collidiren. In solchen Fällen trat der Senior des Corps als Schiedsrichter ein, der deßhalb auch nie zugleich Herzog sein durfte. Als souverainer Herr konnte Se. Durchlaucht auch nach Gutdünken Strafen verhängen, die bisweilen sehr unangenehm waren. Die schwersten bestanden in der Erlegung von Spritzkannen, die der Hoftagscasse zuflossen.

Aus der Darstellung dieser letzten Zeit geht etwas Bedauerliches hervor: die Thüringer verlernen allmählig, auf den Umstand, daß sie die älteste Burg in Jena's Umgegend, den eigentlichen legitimen Thron von allen Bierreichen besitzen. Aber weder soll der Tus mit seinen Vettern Liebden allzu oft und zu cordial verkehren (sie sind nur Vasallen und er ist der Lehnsherr, und außerdem steckt er mit solcher Schlappstiefelei seine Unterthanen an), noch darf es geduldet werden, daß der Verkehr mit den Bauern von Lichtenhain zu vertraulich wird. Die Burg muß dem Thüringer sein Eins und Alles in Lichtenhain sein, wie es die Corpskneipe in der Stadt ist. Er hat einen vieljährigen Nimbus an ihr zu schonen, vor dem sogar Bürger und Bauern Respect empfinden. Auf diese Weise wird sich der ältere Thüringer erklären können, woher es kommt, daß den jüngeren Geschlechtern ein gewisser Duft und Zauber, kurzum die Poesie des Studentenlebens abhanden zu kommen scheint. Wenn der Corpsstudent nicht selbst die Exclusivität dessen, was ihm die Zeit Eigenthümliches zu eigen gab, eifersüchtig überwacht — die Zeit thut es nicht mehr. Militär ist bereits in Jena, bald wird die Eisenbahn kommen und das stille Thal dem großen Verkehr öffnen — das gemüthliche Jena modernisirt sich! Reißt ihr die Schranken schon von innen heraus ein und arbeitet der Zeit entgegen? Den letzten Ort, und in diesem Orte den letzten Winkel, die Burg, gebt ihr gleichgiltig an die Strömung der Zeit hin? Wenn es irgendwo am Platze ist, sich „etwas zu wissen" im Besitze eines durch die Zeit sanctionirten Vorrechts, so ziemt es dem Thüringer, etwas vornehm zu thun, wenn sich's um seine Burg handelt; oder Tus mitsammt seinem Hofstaate mag sich künftig für Geld sehen lassen; noch hat ihn in Bädeker's rothem Buche die blondlockige Miß von England bis dato umsonst gesucht.

Urkundliches. Die Titel und Orden. Statuten.

Bei der feierlichen Krönung Tus XXXV. 1834 hielt der Erzbischof folgende Rede:

„Durchlauchtigster Herzog, edle Prinzen, hochedle Grafen, gnädige Herren, Herren, Glockenschmierer und anderer Plebs! Wir sind allhier versammelt, um eine ernste und hochwichtige Handlung zu vollziehen, die Salbung und Krönung unsres jungen und hoffnungsvollen Fürsten und Herrn, Tus XXXV. Nachdem Tus XXXIV. das Zeitliche mit dem Ewigen gesegnet hatte, entstand ein schreckliches Interregnum wie sub tempore Rudolfi Habsb. Sowie damals alle Welt erfreut war über die Wahl eines so weisen Fürsten, so sehe ich auch in Euren Augen, andächtige Zuhörer, die Freuden- und Dankeszähre zittern, daß uns ein gerechter und milder Regent wieder erstanden ist. Deshalb stimmt mit mir an das Lob- und Danklied, welches Ihr verzeichnet findet im Herzogl. Lichtenhainer Gesangbuch sub § 11: Zum Zippel, zum Zappel ꝛc. Nun, geliebte Unterthanen, mahne ich Euch kraft meines Amts, dem neuen Herzoge zu gehorsamen in Allem, und besonders in Privatfehden nicht, wie weiland, die Kraft der Fäuste entscheiden zu lassen, sondern Euer Recht zu suchen am Throne des gerechtesten Herrschers. Wollt Ihr das, so gelobet es mit einem vernehmlichen Ja.

Ihr habt vernommen, durchlaucht. Herr, was Eure Unter- thanen Euch gelobt. Aber so lasset auch Ihr das Wohl derselben Euer größtes Bestreben sein. Stets wird Glück walten in diesen Landen, wenn immer die Fässer voll sind des edlen Saftes, wenn Ihr gerecht lohnet mit Orden und Titeln, aber strafet mit Strafstübchen, und etwaige Meuterer in die nervigte Faust Eures Fipsii Klappenbach überantwortet, daß er sie hinabstoße in das

Burgverließ, wo Molch und Ratten hausen. Also wollet Ihr, edler Tus, immerdar sorgen für die nöthigen Brauhäuser und vollen Fässer, für gerechtes Regieren und endlich für zahlreiche Nachkommen durch die Kraft Eurer Lenden, so versprecht es mir durch Handschlag Eurer fürstl. Rechten.

Somit salbe und kröne ich, Erzbischof Hatto de la Madeira, welche Würde mir durch die Päpstin Johanna lüberlichen Andenkens übererbt worden, Dich, Tus XXXV. Herzog von Lichtenhain ꝛc..

Unserm geliebten Herzog ꝛc. ertöne aus voller freudiger Bierkehle ein dreimaliges Lebehoch. Zum Schlusse laßt uns das Burglied anheben, welches die andächtige Gemeinde verzeichnet findet genau da, wo es gedruckt steht:

Ach, Gott, nun ist es wieder Morgen ꝛc.

Die vollen Titel von damals waren, außer dem des Tus:

Herzogl. Familie.

Tusclk, Erbprinz, General ꝛc. (s. 1820).
Gluckgluck, zweiter Prinz und natürlicher Sohn ꝛc.
Nelos Methusalech, Ur-Ur-Ur-Urgroßvater.

Erzamt.

Großkehl, Graf v. Aßmannshausen, Erzkanzler und Reichsherold.
Bierius, Saufgraf v. Bamberg, Erzschatzmeister und Prinzen-
    Erzieher.
Raugold, Graf von Bierrüssel, Erztruchseß.
Tlestrunk, Graf von Biermord, Erzmundschenk.
Graf Hatto de la Madeira, Erzbischof, Abt des Damenstifts
    Unsrer lieben Frauen zu Vierzehnheiligen und Abt zur heil.
    Bonne in Ziegenhain.

Antichambre.

Wolfram von Eschenbach, Generalpolyhistor, Dr. von der Spree, Vicepräsident der herzogl. Societät für die gesammte Methyologie, des Hof- und Saufmeisterthums Coadjutor, des Hof-Zeitungs-Ministerii Obercensor, Director der komisch-ästhetisch-satirischen Gesellschaft zur Erschütterung des Zwergfelles, Urgroßvater aller Hofpoeten auf Sonne, Mond und Sterne; Oberbereiter des Pegasus und Oberhoffriseur aller 9 Musen.

Vollauf von Biersack, Leib-, Mund- und Magenpoet, privilegirter Troubadour.

Balduin von Stübchendeckel, Reichsceremonienmeister.

Cuno von Birkenmayer, erster Kammerherr.

Saufaus von Lanzenbrecher, Generalfeldmarschall.

Raufbold von Suittenbach, Oberstraßenbaudirector.

Forstamt*).

Nimrod von Grünewald, Oberlandjägermeister, Oberaufseher aller Hirschparks und Freudenhäuser des Reichs.

Saufgraf von Bierschaum, Oberforstmeister.

Tann von Buchenhain ꝛc.

Knall und Fall von Büchsenschuß ꝛc.

Knall von Pulverhorn, privil. Finkennestausnehmer (!).

Hatto von Rattennest, sanct. Rattenfänger.

Hofbeamte.

Isidorus Venusberg, Medicinalrath ꝛc.

Saufaus Bierkrug, Aufseher der Bierfehden.

Viel Poel Hitpoel, Hofdiaconus, Glockendiener, Chorknabe bei Saufmessen.

Posthorn Trapp, Obervorreiter.

---

*) In das nächste Semester fällt die Regentschaft des Tus XXXVII., des großen Jägers vor dem Herrn. Das Abenteuer mit Karl August gewinnt an Wahrscheinlichkeit, wenn man das umfangreich besetzte Forstamt betrachtet, das vielleicht dieser Tus aus Privatliebhaberei in diesem Maße ausbildete.

Blasius Immervoll, Leibhusar, Hofpfeifenstopfer.

Alpsius Klappenbach, Oberhofschnurre, Polizist, Hinausklingler
aller im Herzogthum sich blickenlassender Frauenzimmer ꝛc.

Der volle Titel des Herzogs aber lautet:

Wir von Gottes Gnaden

Tus (der so und so vielte),

souverainer Herzog von Lichtenhain, zu allen Zeiten Mehrer
des Reichs, Fürst Primas von Ziegenhain, gefürsteter Graf
zu Kötschau und Ammerbach, der Lande von Oberweimar
und Lützendorf Herr, Erb- und Bierherr auf Köstritz, In=
haber der Standherrschaft Klengel, Herr zu Winzerla und
Kahla, des Bierbundes Crutia Protector, Protector der
Herzogl. Societät der gesammten Cerevisiologie und Methyologie zu Untercamsdorf, Vermittler der Bierfehden in
Thüringen und an der Niedersaale, sowie an der Pleiße und
Elster, Erzbraumeister des heiligen römischen Reiches, ehema=
liger portugiesischer Gouverneur des Burgkellers, Großmeister
aller Bierorden auf Sonne, Mond und Sterne, Großmogul
aller Biere und Bierhäuser in und um Jena u. s. w. u. s. w.,
Inhaber des fürstlichen Hausordens, Ritter des eisernen Kreuzes
u. s. w. u. s. w.

Es ist leicht begreiflich, daß mit der Zeit Namen und Titel
verschwanden und durch andere ersetzt wurden, jenachdem die
Phantasie des Herzogs sich dazu angeregt fühlte. Daher tragen
wir aus verschiedenen Zeiten noch folgende Chargen nach:

Zum Erzamte gehörig:

Erich Graf zur Rose, genannt Frauenlieb, Marquis de Weimar,
Obercapellmeister, Vortänzer auf allen anständigen und
unanständigen Hofbällen, außerordentlicher Visitator aller
Freudenhäuser um den Burgkeller.

Theophrastus Bombastus Paracelsus Graf zur Aeck, erster Leibarzt,
Director des Vereins zur Dämpfung übermüthiger Füchse ꝛc.

Zum Hofamte gehörig:

Leib - und Herz-Schmuhl, Graf von Rothschild-Wucherndorf, Finanzminister (im ganzen Sinecure), Chef des Bergbaues u. s. w.

Lithurgus Graf von Orthodox, Minister des Cultus und der Aufklärung, Dr. Ignorantiae und Präsident aller Schöppenstühle auf Sonne, Mond und Sterne.

Thomas Torquemada, Grand von Lichtenhain, Oberhofprediger, Beichtvater des Prinzen Gluck-Gluck, alleiniger Mitwisser aller seiner Liebschaften, Generalteufelsbanner und Tractätchenfabrikant.

Friedebald von Galgenbach, Inspector der Gifthütten in Herzogl. Landen, Oberaufseher aller Schwefelhölzchen-Plantagen.

Zur Antichambre gehörig:

Pfiff von Schwanensang, Kapelldirector, Kammersänger, Entdecker der rothlackirten Bratsche.

Raphael Sanzio di Urbino, Portraiteur der Herzogl. Jagdhunde, sowie Thürsteher bei Hofbällen zur linken Hand.

Schubsalamander von Katzenauge, Leibmagnetiseur, Inspector der Blitzableiter, Hofgiftmischer.

Ignatius Loyola, Nuntius an den Höfen benachbarter Bierreiche; Beleuchtungs-Director der Gassen und Köpfe von Lichtenhain.

Schwefelholz von Spinnebein, Famulus Sr. Durchlaucht und überflüssiges Ehrenmitglied der Gesellschaft zur schwarzen Nacht, auch Falschmünzer der unehelichen Prinzen.

Schmerbauch Suppenkraut, erster Tafeldecker im geheimen Gemach Sr. Durchl.

Zugvieh von Lichtenhain, Page und privil. Hof-Brieferbrecher, Schleppenträger Sr. Durchlaucht, wenn er 'mal hinaus muß.

Hans Kalb zur Prell.

Abellino, Hofbandit und Leibmameluk.

Hans Zapf Dünnsch . . . Weißbier, Spundblochlappeninspector und Gimpeldressirer Sr. Durchlaucht.

Penſionirte Staatsdiener.

Duckdich Graf von Kornſchnapps, emer. Leibarzt Tut I., Ausflicker
aller ſexueller Schäden beiderlei Geſchlechts.

Nekos Methuſalech (ſ. oben).

Mundvoll von Lügenfels, Hofrenommiſt und privil. Erfinder von
Jagdgeſchichten Sr. Durchlaucht.

Schnurrbart von Pomade, Hausfreund Ihrer Durchlaucht.

Die Orden

des Herzogthums ſind in abſteigender Linie folgende:

I.

Reguläre Orden.

1. Das Biervließ, an goldner Kette von Meſſing am Halſe zu
tragen. Es iſt alleiniges Eigenthum des Herzogs und
kann weder an einheimiſche, noch auswärtige Prinzen vergeben
werden.
2. Der große St. Kannenorden.
3. Der Orden vom Kreuz, für die Prinzen beſtimmt mit dem
Titel: Commandeur des Großkreuzes. Es giebt auch ein
kleines Kreuz.
4. Der Hausorden für Mitglieder des Erzamtes.
5. Der große Lanzenorden; von Tut XLVI. geſtiftet.
6. Der kleine St. Kannenorden.
7. Der St. Hubertusorden; für das Forſtamt.
8. Die Civil-Verdienſt-Medaille.

II.

Orden für die beſondern Verdienſte und Würden*).

1. Der Katerorden (ſeit 1851).

---

*) Meiſt neueren Urſprungs.

2. Der Prinzenorden. ●
3. Der Alexanderorden.
4. Der Schlangenorden.
5. Der Schillerorden, gestiftet von Trenbelburg und zum ersten Mal 1853 an Lindner II. verliehen.
6. Der Trierorden.
7. Der Klappenbachorden.
8. Der Bierstern.
9. Die Kriegsverdienstmedaille.

Zu den besonderen Neuerungen gehört die Einführung eines von Tus XCIV. gegründeten Hofkalenders auf das Jubeljahr 1870, mit dem Motto:

Mancher wird ein freier Diogenes, nicht, wenn er in dem Fasse, sondern wenn das Faß in ihm ist.

Dieser Kalender ist entschiedener Anachronismus und schlägt aller Cultur der Herzogl. Staaten in's Gesicht, denn er enthält:

1) ein ordentliches Calendarium,
2) die Jahrmärkte von Thüringen,
3) das Papiergeld der deutschen Staaten,
4) die Uebersicht der couranten Münzen,
5) eine Maß- und Gewichts-Ordnung,
6) Post- und Telegraphenwesen,
7) Zinsberechnung,
8) Fahrpläne.

Es ist eine bedauerliche Verkennung und Verhöhnung alles Fortschrittes, und nicht abzusehen, welchen Werth er für das Herzogthum haben kann. —

Aus den Statuten heben wir folgende Notizen heraus:

Der Herzog ist souverain.

Zunächst zur Rechten sitzt Höchstseine Familie, ihr gegenüber die hohen Erzämter. Der Leibmedicus sitzt zunächst zur Linken.

Klappenbach am untern Ende des Erztisches.

Die Strafen steigern sich so: Strafstäbchen, Bieracht, Bierhetze.

Der Comment wird ex usu gelernt.*

Die Vierächter müssen an den Trompetertisch und bekommen ein Glas Wasser und ein Bund Heu, bis sie sich herauspauken.

Dem Herzog kann der Handschuh von Niemandem geworfen werden.

Der Herzog kann von gar Niemandem in den Sand gestreckt werden.

Bei eintretendem Interregnum versieht ein Reichsverweser die Geschäfte.

Hochnothpeinliche Constitution

der

„Räuberia"

zu

Lichtenhain.

I.
Allgemeine Bestimmungen.

§. 1.

Die Räuberia ist weder Corps noch Burschenschaft, weder Landsmannschaft noch Orden, weder Kränzchen noch Clique, weder Verein noch Blase, sondern nichts als Räuberia. Da aber nach politisch-polizeilichen Begriffen das Räuberleben verboten ist, so gehört die Räuberia zu den verbotenen Gesellschaften.

§. 2.
Sitz der Räuberia.

Die Räuberia hat ihren Sitz in Lichtenhain und den es umgebenden Cordilleren, und zwar in Lichtenhain in der Hofburg, weil dies co ipso eine Mördergrube ist.

§. 3.
Zweck der Räuberia.

Die Räuberia hat eigentlich keinen Zweck, jedoch darf niemand ihre Sitzungen besuchen, ohne sich amüsiren zu wollen. Fehlt Einer dagegen, so wird er aus der Räuberia hinausdirigirt und heißt auswärtiges Ehrenmitglied.

§. 4.

Die Räuber theilen sich in 2 Hälften, in wirkliche und auswärtige. Die wirklichen zerfallen in den Räuberhauptmann, Oberräuber, Unterräuber und Räubergesindel, die auswärtigen in Ehrenmitglieder und Apostaten.

§. 5.
Regierungsgewalten der Räuberia.

Die Regierung wird vom Hauptmann und in ganz schwierigen Fällen durch ein aus 3 von dem ärgsten Gesindel bestehendes hochnothpeinliches Halsgericht geführt.

Als Grundgesetze dienen dabei die hochnothpeinliche Hals-gerichtsordnung Carl's V. und in subsidium die arbiträre Meinung des Hauptmanns. Außerdem wird strenge darauf gesehen, daß die eigenthümlichen Sitten und Gebräuche der Räuberia, die genügend zu beschreiben jede Feder zu schwach ist, unversehrt erhalten werden.

II.
Specielle Bestimmungen.
§. 6.

Jedem Fuchs oder Burschen, dem eine Schlechtigkeit zuzutrauen ist, der eine Galgenphysiognomie oder ein Diebsgesicht aufweisen kann, das ihn berechtigt, zu Mordgeschichten auf den Jahrmärkten gezeigt zu werden, kann die Aufnahme in die Räuberia nicht gut verweigert werden.

§. 7.

Wenn Jemand auf den Leim gegangen ist, muß er sich dem Hauptmann vorschlagen lassen, der ihm, wenn sich Jemand für seine Qualität zum Räuberleben verbürgt, kein Hinderniß zur Chloroformirung in den Weg wälzen wird.

§. 8.

Nachdem der Hauptmann über dessen Aufnahme hat abstimmen lassen, wobei jedoch auf Majorität oder Minorität der Stimmen kein großes Gewicht gelegt werden soll, applicirt er mit einem Dolche oder Federmesser dem Abspiranten das übliche Räubercruz in dessen rechten Arm und überreicht ihm das dreifarbige Band.

§. 9.

Hierauf beschwört der Neurecipirte die hochnothpeinliche Constitution der Räuberia, er mag sie kennen oder nicht.

§. 10.

Das Gesindel ist so ziemlich gleichberechtigt, doch haben immer ältere gewiegte Räuber mehr zu sagen als jüngere.

§. 11.

Auch in der Räuberia wird vor allen Dingen fortgesoffen.

§. 12.

Ueber dem Gesindel steht der Hauptmann als souveräner Herrscher nicht etwa, weil er leiblicher Vater des Gesindels ist, sondern weil er eine geistige Vaterschaft über jenes besitzt. Das Gesindel hat ihm unbedingte Folge zu leisten, außer bei solchen Verordnungen, die Spuren von Altersschwäche in sich tragen.

§. 13.

Der Räuberhauptmann hat stets ein wachsames Auge auf den Lebenswandel des Gesindels zu werfen und besonders das Umsichgreifen der Ordnungsliebe und Loyalität zu verhüten.

§. 14.

Der Räuberhauptmann hat Freibier und freie Cigarren, welche letztere die Räuber den anwesenden Prinzen entlehnen dürfen, doch dürfen sie sich dabei nicht ertappen lassen, da dies kein gutes Testimonium für die Geschicklichkeit der Räuber sein dürfte.

§. 15.

Sollte ein Räuber Miene machen, aus der Räuberia austreten zu wollen, so soll er, indem man ihm zuvorkommt, hinausdirigirt werden. Restitutio in integrum ist unter Verhältnissen für 5 Silbergroschen gestattet.

§. 16.

Das Band, welches die Räuberia zusammenhält, besteht aus den reizenden Farben „braun-weiß-grau", das heißt: Braunbier, Weißbier, Schnaps. Ihr Motto ist:

„Das Leben ist der Güter höchstes nicht,
Der Uebel größtes aber sind die Schulden."

§. 17.

Die Durchlaucht und die Prinzen sind geduldet, weil sie öfter Pretiosen, Cigarren und andere werthvolle Sachen bei sich haben, ganz besonders werden die Räuber auf den großen Diamanten in der herzoglichen Krone aufmerksam gemacht.

Zu Urkunden, daß vorstehende Satzungen als heilsam erachtet und daß ihnen allenthalben nachgelebt werden soll, haben wir diese Constitution der Räuberia unter Beidruckung der Insignes mit unsrer Namensunterschrift in Blut confirmirt und bestätigt.

1858—1860.

Nachträgliches

aus Bierzeitungen u. s. w.

1.

Bin ich der Arbeit müde,
Geh' ich nach Lichtenhain,
Da kann man recht zufrieden
Sich seines Lebens freu'n.

(Stammbuch für Lichtenhain.)

2.

Bin ich des Lebens müde,
Geh' ich nach Lichtenhain.
Da kann man ganz solide
Bes. sein.

3.

In Lichtenhain war ich ohne Zweifel.
Ich lieb' euch, liebt ihr mich nicht, hol' euch d. T.

4.

Und als nun der Adam die Eva geseh'n,
Da wollt' er mit ihr gleich nach Lichtenhain geh'n.

5.

Ballade von Tus XLI. (v. Göckel).

Das war auf der Burg zu Lichtenhahn,
Da trank einen Zopf sich Mancher an.
Die Meisten hatten sich baß gestärkt
Und waren schräg nach Haus fuhrwerkt.

Ich aber (noch kann ich's kaum begreifen,)
Hätt' unterlassen mich einzuseifen,
Ging endlich nüchtern allein nach Haus
Und, denkt euch, erlebte da diesen Strauß:
Kaum tausend Schritt vom Dorfe weg,
Wo man passirt den steinernen Steg,
Kommt mir ein Haufe Knoten entgegen,
Tractirt mich plötzlich so mit Schlägen,
Daß ich für todt dort liegen blieb
Und der Hofpoet schon die Grabschrift schrieb.
Indessen hatten zwei wackre Kunden
Heimkehrend mich glücklich aufgefunden,
Und auf den Armen nach Haus getragen.
Als ich genas, ließ ich mir sagen:
Die Andern, obwohl sie stark besoffen,
Waren unversehrt durch die Knoten geloffen.
Ihr Brüder, laßt's euch gerathen sein:
Geht niemals n ü ch t e r n von Lichtenhain.

6.

Cave tibi a puellis.
Nam habent oculos vocativos,
Et manus ablativas.
Tu mox eris dativus,
Illa autem genetiva,
Tandem accusativa
Et tu eris miserrimus nominativus.

7.

Mein liebes Lichtenhain, adjes!
Ob ich dich wiederseh', wer weeß?

(Gaupp.)

8.

Auf hohem Thron im Saale
Der greise Herzog sitzt.
Sein Aug' zum letzten Male
Hehr durch die Reihen blitzt.
Regieret hat er jetzo aus,
Er muß zurück in's Vaterhaus.

Und um ihn her die Mannen
Versunken sind in Schmerz,
Das macht, es zieht von bannen
Ein echt Studentenherz.
Und manchem, der mit ihm jetzt zieht,
Perlt drob die Thrän' im Augenlid.

So sei's zum letzten Male, —
Der Herzog ruft's mit Kraft —
Auf, füllet die Pocale
Mit altem echtem Saft!
Dies letzte Glas, das uns bescheert,
Auf Lichtenhain sei es geleert!

(Lied von Gratebrück.)

9.

Der Pfaffen Lug,
Der Juristen Buch,
Der Magd Schürzentuch,
Diese drei Geschirr
Machen die Welt irr.

10.

Das Studentenleben ist ein Champagnerrausch, das Philisterthum
der Katzenjammer.

11.

(Mel: Brüder laßt uns.)

Nun Heil dem neuen Herzog Tus,
Der alte ward begraben.
Der neue hat schon viel gethan,
Es steht im Buch für Jedermann,
Das Buch ist nicht zu haben.

Bierkanne ist das Scepter sein,
Die Kron' ein Fell von Katze.
Bier sch . . . er, daß es nur so raucht,
Und wenn der Tus Reichsäpfel braucht,
Faßt er die Magd beim Latze.

Bastarde hat er ohne Zahl,
Im Land viel Räuber hausen.
Der Klappenbach ist Karrengaul,
Mit dem „fährt" Tus uns über's Maul,
Sein' Sach' ist nichts wie Flausen.

Drum Heil dem neuen Herzog Tus,
Da wir keinen beffern haben.
Er ist so bier- und thatenschwer,
Drum haben wir zu seiner Ehr'
Gesungen wie die Raben.

                                        L.

(Dieses unehrerbietige Lied kann nur für den Räubertisch
bestimmt gewesen sein. Ob der Berf. sich hätte seiner
schämt, wissen wir nicht.)

12.

Das Herzogthum Lichtenhain.

Mel.: Und wenn sich der Schwarm.

Die Sage meldet, das deutsche Reich
Hat der Fürsten mehr als dreißig.
Der eine ist arm, der andre reich
An Land und Völkern — was weiß ich.
Dem Einen nur sollt ihr ergeben sein,
Dem edlen Herzog von Lichtenhain.

Von Blech nur die Krone, ein Faß der Thron,
Auf dem seine Väter gesessen.
Es haben ihm Motten und Jahre schon
Hermelin und Purpur zerfressen.
Es schmücken nicht Gold, nicht Edelstein,
Den edlen Herzog von Lichtenhain.

Doch unten im Keller liegt Faß bei Faß,
Da sind seine Schätze geborgen.
O sprudelnder Bronnen, o edles Naß,
Da schwinden Grillen und Sorgen,
Wie der Schnee vor Frühling und Sonnenschein,
Vor dem köstlichen Biere von Lichtenhain.

Es theilet der Fürst gar väterlich
Mit seinen Kindern die Schätze,
Daß Graf und Ritter und Bürger sich
Mit gewaltigen Zügen letze,
Und schenkt vor allen selber sich ein
Auf dem lustigen Throne von Lichtenhain.

Und Graf und Ritter und Herr wie Knecht,
Mit Kannen und Lanzen als Wehre,
Sie halten Turnier und wacker Gefecht
Sich selbst und dem Herrscher zur Ehre.

'S muß Mancher zu Boden gesunken sein
Vor den scharfen Waffen zu Lichtenhain.

Dann weiß der Herrscher mit Kreuz und Stern
Die wackeren Kämpen zu zieren,
Doch giebt er sie auch den Besiegten gern,
Eh' sie die Courage verlieren.
Von allen den Orden, groß und klein,
Stolz trag' ich nur Orden von Lichtenhain.

Auch kreist in der Runde das Wunderhorn,
Drin schwimmen viel liebliche Lieder,
Und schaust du hinein in den klingenden Born,
Gleich klingen im Herzen sie wieder.
Ein Meistersänger muß Jeder sein,
Der da trank aus dem Horne von Lichtenhain.

Und hat uns leider der Sturm der Zeit
Zu bald von dannen getrieben,
So bleibt bei dir doch in Ewigkeit
All' unser Sinnen und Lieben.
Und nimmer sollt ihr vergessen sein,
Ihr goldenen Tage von Lichtenhain.

(Paul Betke.)

13.
Burglied.

Preisend mit viel schönen Reden
Jena's Bier und Jena's Wein
Saßen Ritter einst und Grafen
Auf der Burg zu Lichtenhain.

Heitren Rausch aus gläsern Seideln
Giebt das goldne Rosenbier.
Drum, rief Tuscik, sei's gepriesen
Hoch vor jedem andern mir.

Gluckgluck, der im rothen Barte,
Schwur's bei seinem Prinzenblut:
„Knotenwuchs", dir sei die Krone,
Denn du schmeckst mir gar zu gut.

Drauf sprach Hatto von Madeira:
Stark ist zwar der Rebe Saft,
Aber Ziegenhainer, Freunde,
Giebt uns doch die beste Kraft.

Nicht veracht' ich dies Getränke —
Flandern rief's zu dieser Frist —
Doch ein schäumend Stadthausseibel
Auch nicht zu verachten ist.

Tus, der letzte, nicht der schlechtste,
Der da thront in Lichtenhain,
Sprach: Mein Bier hat keine Farbe,
Die da gleicht dem goldnen Wein.

Doch ein Kleinod hegt's verborgen,
Daß in größter Traurigkeit
Und bei Katze, Gram und Sorgen
Es doch schafft Gemüthlichkeit.

Und es riefen Tuscik, Gluckgluck,
Hatto rief's und Flandernland:
Preiß sei, Herzog, eurem Reiche,
Und „gemüthlich" sei's genannt.

(Börner und Krause.)

14.

Bei Jena hat Napoleon
Einst einen Sieg errungen.
Bei Jena hat der Herzog Tus
Noch größern Ruhm erschwungen.

Er trank mit Kräften ewig frisch
Die ganze Welt wol unter'n Tisch
Und rief: O Gott, wie bene
In Lichtenhain bei Jene.

H. Wollheim

Charade von 2 Silben.

1. Silbe.

Wohl mancher kühne Held erbleicht,
Manch grauer Schiffer betend lallt,
Wenn ich mich drohend ihm gezeigt.
Durch Sturm und Wellen Hülfruf schallt;
Oft klein, oft kaum zu sehn, erreg' ich dennoch Zittern
Und bringe Tod, wenn sie nicht satt mich füttern.

2. Silbe.

Ich ziehe jedem Menschen nach
Und musicire Nacht und Tag.
Der Fürst und Bettler ehren mich,
Und Manchem schon ward's weinerlich
Wenn ich ein Stückchen blasen sollte
Und doch durchaus nicht blasen wollte.

Das Ganze.

Ein Titel, meine Herrn, bin ich,
Doch ach! noch Niemand sehnte sich
Nach mir; und nie ward ich erkauft,
Weil Jeder Dich umsonst so tauft.
Kannst Du durch's Rathen mich nicht kennen,
So will ich Dich mein Ganzes nennen.

Dietrich (vulgo Puppe).

15.

Ein flotter Bursche zog ich ein,
Sei mir gegrüßt, Burg Lichtenhain!
Bemooster Bursche zieh' ich aus:
So leb' denn wohl, du altes Haus!

16.

Ich bin der Herr von Sorgenfrei,
Bin froh und leicht gesinnt.
Die Grillen, Gram und Lumperei
Die schlag' ich in den Wind.

Und wünsch' ich recht vergnügt zu sein,
Geh ich nach meinem Lichtenhain.
Dort ist mir Alles einerlei,
Ich bin der Herr von Sorgenfrei.

17.

Ich heiß' Ignaz von Loyola,
Bald trink ich hie, bald trink ich da.
Bei gutem Trunk in Freundeskranz
Da kenn' ich nichts als Toleranz.

18.

Vier und zwanzig Tausend Teufel
Führten einstmals ohne Zweifel
Mich nach Lichtenhain.

Ich ging mit manchem Andern,
Nach Lichtenhain zu wandern,
Und als wir uns angetrunken hatten,
Da machten wir schöne Verse.

19.

Wißt ihr nicht, wo Jena liegt?
Jena liegt im Thale.
Wo es so viel Jungfern giebt
Als Walfische in der Saale.

20.

(Mel.: O Tannenbaum 2c.)

O Lichtenhain,
O lichter Hain,
Du Garten voller Wonne!
Da hat so mancher „Strauß" geblüht,
Manch' Böglein sang sein lustig Lied,
Tus war die liebe Sonne.

O Lichtenhain,
O lichter Hain,
Wo wir so wacker pirschten.
Da ward so mancher Fuchs gehetzt,
Der Räuber in die Acht gesetzt
Von Tus, dem Landesfürschten.

O Lichtenhain,
O lichter Hain,
Wie dunkelst du beim Scheiden!
Mond, Sonn' und Sterne löschen aus,
Das Traumbild sinkt in Nacht und Graus,
Das macht, ich soll dich meiden!

O Lichtenhain,
O lichter Hain,
So oft ich dein gedenke,
Soll werden mir, auch wo ich sei,
Trotz Sorgen und Philisterei,
Zum lichten Hain die Schenke!

8.

Mit diesen vereinzelten Mittheilungen wird hoffentlich der allgemeine Rahmen eines Bildes gewonnen sein, in welches der Leser die persönlichen Erinnerungen in einem behaglichen Ruhe=stündchen, das er im Philisterium dazu findet, selbst ein= und nachtragen mag. Wir selbst sind zu Ende.

„Auf der Wang ein Lächeln, im Auge die Thrän'" blicken wir auf die Tage der süßen Thorheit zurück, die wir gegen alle Weisheit, die sich möglicherweise dafür hätte gewinnen lassen, nicht hingeben möchten, und legen die Feder mit dem Seufzer nieder:

Et ego in Arcadia!

Druck von A. Neuenhahn in Jena.